Bärbel B. Kappler

Schatzkammer Paris

Schatzkammer Paris

Durch Umstände, Zufälle und eigenen Einsatz fand Bärbel B. Kappler in den zehn Jahren, die sie in Paris lebte, Zugang zu den Kleinoden der Stadt, verborgen in prächtigen oder auch einfachen Gebäuden, auf Straßen und Plätzen, in Botschaften, Schlössern und Museen und natürlich zu Menschen, die dort leben oder arbeiten. So erlebte sie die französische Hauptstadt als Schatzkammer der Geschichte, der Sehenswürdigkeiten, der Besonderheiten und der Schönheiten, wie sie oftmals selbst Parisern nicht bekannt und Touristen kaum erlebbar ist.

Der Leser besucht beispielsweise das orientalische Bad des deutschen Botschafters ebenso wie die Windtestanlage des Gustav Eiffel, er erfährt, wie wichtig manchen Malern Absinth und dem berühmten Sonnenkönig Gemüse und Obst waren, warum das berühmte „Maxim´s" wieder „in" ist und was es mit der französischen Ehrenlegion und ihrem Stammsitz im Palais eines deutschen Prinzen auf sich hat.

Für **Schatzkammer Paris** hat die Autorin eine Auswahl entsprechender Kapitel aus ihren beiden Büchern „Abenteuer Paris" (2004) und „Einblicke - Paris für Kenner und Entdecker" (2006) aktualisiert und durch neue Entdeckungen erweitert.

Bärbel B. Kappler wurde in Neuwied/Rh. geboren. Sie machte in Düsseldorf Abitur, studierte Pädagogik und Sprachen in Würzburg und Bonn. Sie lebte u. a. in München, ein Jahr in Kalifornien und zehn Jahre in Paris. Zur Zeit wohnt sie bei Bremen.

Nach einigen Jahren im Schuldienst machte sie sich als Musiklehrerin selbständig. Außerdem arbeitete sie als Dozentin für Deutsch als Fremdsprache. Sie schrieb Drehbücher für das Schulfernsehen und Artikel für pädagogische und Medienzeitschriften, bevor sie bereits zwei Bücher über Paris und einen Band über ihre zahlreichen Reisen verfaßte.

Sie ist verheiratet und hat zwei erwachsene Kinder.

Umschlagsgestaltung: Bärbel B. Kappler
Herstellung und Verlag:
Books on Demand GmbH, Norderstedt
Erscheinungsjahr: 2010
Fotos zum Buch: www.baerbelkappler.de
Alle Rechte bei der Verfasserin
Alle Rechte der Verbreitung über jegliches Medium,
auch auszugsweise, sind vorbehalten.

ISBN: 9783839103715

Inhalt

Für meine französischen Freunde

À mes amis français

Die „Eiserne Dame"

Paris ist die meistbesuchte Hauptstadt Europas und der Eiffelturm das weltweit meistbesuchte Monument. Das freut die Pariser. Liebevoll sprechen sie deshalb gelegentlich von ihrer „Eisernen Dame".

Das war nicht immer so. Viele Pariser, darunter auch prominente, schimpften über „die Schande von Paris", (le déshonneur de Paris), darunter der Architekt des großen Opernhauses, Charles Garnier, sowie die Schriftsteller Emile Zola und Guy de Maupassant.

Dieser Protest hätte sich nach zwanzig Jahren von selbst erledigt, wenn es nach den ursprünglichen Plänen gegangen wäre. Der gigantische Turm, der damals das bis dahin höchste Bauwerk der Welt, die Pyramide von Gizeh in Ägypten, weit überragte, sollte nach dieser Zeitspanne wieder abgerissen werden.

Mittlerweile aber war der Turm zur Muse vieler Dichter, Schriftsteller und Maler geworden. Pablo Picasso, Maurice Utrillo, Marc Chagall und Robert Delaunay gefiel er, und sie wählten ihn als Motiv. Jean Cocteau inspirierte er zu einem Theaterstück.

Der Eiffelturm war einerseits Ausdruck seiner Zeit, andererseits dieser weit voraus.

Eisen war in der Zeit seiner Konstruktion, 1887 bis 1889, ein vielverwendetes Material. Es diente vor allem der Herstellung von Maschinen. Es war praktisch. Zur Errichtung von repräsentativen Bauwerken jedoch galt immer noch Stein als sinnvoll und, ihrem Zweck angemessen, kostbar. Wie konnte man nur auf die Idee kommen, Eisen zu verwenden, um das Eingangstor zum neuen Weltausstellungsgelände zu errichten?

Die Antwort ergibt sich aus einigen Tatsachen, von denen manche sowohl französischen als auch ausländischen Touristen unbekannt sind:

Der Gewinner der Ausschreibung, zu der siebenhundert Vorschläge eingereicht worden waren, war Gustave Eiffel, als Ingenieur Spezialist für Eisenkonstruktionen. Er hatte sein Können bereits mit dem Bau von Brücken, eines Viadukts und des Gerüsts der Freiheitsstatue in New York bewiesen.

Ein Verwaltungserlaß ermöglichte auf dem ausgewählten Gelände ein Bauwerk bis zu dreihundert Metern Höhe. Es gab noch keine Anlieger, die sich von dem „monströsen Turm" hätten bedroht fühlen können. Ihre Häuser entstanden erst um 1910. Der Untergrund, nahe der Seine, war nicht sehr fest, deshalb durfte das Bauwerk nicht zu schwer sein.

Tatsächlich wurde der Eiffelturm dreihundert Meter hoch - mittlerweile ist er durch Hinzufügen einer Antenne noch rund zwanzig Meter höher. In seiner filigranen Konstruktion wiegt das Stahlgerüst nur etwas mehr als siebentausend Tonnen und bringt daher nicht mehr Druck auf den Boden als vier Kilogramm pro Quadratzentimeter, nicht mehr als ein besetzter Stuhl. Wegen seines Gesamtgewichts von über zehntausend Tonnen ist der Turm dennoch elf Meter tief unter Bodenniveau gegründet, und seine Füße stehen in riesigen Behältern.

Zur Hundertjahrfeier der französischen Revolution wollte sich Frankreich anläßlich der Weltausstellung, die in Paris stattfinden sollte, nicht nur wieder als „Grande Nation" zeigen, sondern auch als Industriemacht. Dazu brauchte es sein „morceau de bravour", sein Heldenstück. Was war dafür besser geeignet als ein alle Bauwerke der Welt überragender, weithin sichtbarer Turm aus erstmalig für solchen Zweck verwendetem Material?

Eisenerz stand reichlich zur Verfügung. Es wurde in Lothringen gewonnen und an Ort und Stelle verarbeitet, die rund eintausenddreihundert einzelnen vorgefertigten Teile nach

Paris transportiert und von dreihundert Arbeitern - oder sollte ich besser sagen Akrobaten? - innerhalb von fünfundzwanzig Monaten mit mehr als zweieinhalb Millionen Nieten zusammengefügt.

Alle sieben Jahre muß das Eisen neu gestrichen werden. Dafür braucht man fast 50 t Farbe, die bei jedem Anstrich ein wenig von der vorher aufgetragenen abweicht.

Viele Ideen und symbolträchtige Analogien sollen in der Konstruktion des Eiffelturms stecken.

Seine vier Füße entsprächen den vier Himmelsrichtungen, ihre Spreizung solle die gespreizten Beine des Koloß` von Rhodos, eines der antiken Weltwunder, beschwören.

Die Füße verbänden sich weiter oben zu einem einzigen Gebilde, zeigten hiermit das Zusammengehen von Getrenntem, stünden für den Wunsch nach Zusammenleben der Völker in Frieden.

Das Dreieck sei das wichtigste geometrische Element des Turms. Es weise ins Mittelalter und in die Antike zurück, als es als Trinitätssymbol, als Gottheitszeichen gedeutet wurde. Es soll außerdem an ägyptische Pyramiden erinnern.

Ornamente an den Treffpunkten diagonallaufender Verstrebungen sollten in ihrer Zusammenstellung zugleich neu und universell sein. Es sind Sterne; achtstrahlig als Symbol des Propheten und des Islam, weiter oben sechsstrahlig als Abzeichen Davids und des Judentums, darin Kleeblätter als Symbol Marias und des Christentums.

All das ist nicht sehr bekannt. Es scheint mir auch weithergeholt und eine Interpretation der heutigen Zeit zu sein, denn erstens rief Gustave Eiffel damals noch mit Begeisterung aus: „Frankreich wird das einzige Land sein, dessen Fahne auf einem 300 Meter hohen Mast weht!"; zweitens sind die Namen von insgesamt zweiundsiebzig Naturwissenschaftlern über den großen Bögen ausschließlich Namen von Franzosen - Vertreter anderer Völker oder Staaten kommen hier nicht vor - ; und drittens wird nicht das hier verwendete vierblättrige Kleeblatt Maria und dem Christentum mit seinem dreieinigen Gott zugeordnet, sondern natürlich das dreiblättrige.

Gustave Eiffel, der später am Bau des Panamakanals beteiligt war, wurde wegen finanzieller Unregelmäßigkeiten zu zwei Jahren Gefängnishaft verurteilt (später jedoch rehabilitiert). Er arbeitete danach nur noch wissenschaftlich, wozu er sich auf dem Eiffelturm ein kleines Büro einrichten ließ. Man kann durch eine Scheibe hineinsehen.

Der Eiffelturm ist nicht nur eine Attraktion für Millionen von Touristen, er ist auch ein Statussymbol für die Stadt. Zu besonderen Anlässen erhält er eine besondere Beleuchtung.

Vor Weihnachten schien in ihm einmal ein mit der Spitze nach unten zeigender Weihnachtsbaum zu hängen; während des halben Jahres der Präsidentschaft der Franzosen im Europäischen Rat strahlte er blau, und als der chinesische Ministerpräsident zu Besuch war, leuchtete der Turm in chinesischem Drachenrot. Wir hatten davon so wunderbare Fotos gemacht, daß ich sie mehreren Postkartenverlagen anbot. Diese mußten leider ablehnen, weil, wie mir einer der Verlage schrieb, niemand die Lizenz bekommen hatte, den rot beleuchteten Turm zu vermarkten. Nur die Bilder vom Turm, wie er am Silvesterabend beim Wechsel in das neue Jahrtausend ein unglaubliches Feuerwerk versprühte, sind neben den Standardfotos auf Ansichtskarten zu finden.

Schon mehrmals hat das Wahrzeichen von Paris für seine vorzügliche Beleuchtung Preise bekommen. Der Turm wird von innerhalb seiner Verstrebungen mit vielen kleinen Scheinwerfern angestrahlt. Diese sind so geschickt angebracht, daß man als untenstehender Betrachter des eisernen Riesen nie geblendet wird. Am Abend mit Licht sieht der Turm um ein Vielfaches schöner aus als bei Tage, aber besonders raffiniert bei sinkendem Tageslicht. Er wird schon kurz vor Einbruch der

Abenddämmerung beleuchtet, und dann sieht er so aus, als ob die untergehende Sonne ihn noch anstrahlte. Um ein Foto vom beleuchteten Eiffelturm zu veröffentlichen, auch wenn es sich um eine selbstgemachte Aufnahme handelt, braucht man die Genehmigung des Gestalters der Lichtinstallationen.

Die Pariser selbst scheinen kaum auf den Eiffelturm zu steigen oder zu fahren - es sei denn solche, die gelegentlich ausländische Besucher haben. Am Fuß des Turms aber sieht es hier zu seinen Füßen bei mildem Wetter abends oder am Wochenende aus wie auf der Wiese eines Freibades. Zu Hunderten lagern junge Leute auf dem „Champs de Mars", packen ihr Picknick aus, wobei der Rotwein nicht fehlen darf, und genießen die Stimmung und den Anblick des Turms, wie er sich in der Dämmerung verändert, wie er golden wird durch die geschickte Innenbeleuchtung. Und wenn er mit dem Blitzen von zwanzigtausend Lämpchen gegen den Abendhimmel zu jeder vollen Stunde zur funkelnden Silhouette wird, geht ein begeistert staunendes „Ah" und „Oh" über das Marsfeld.

Uns wurde der Eiffelturm so vertraut wie der Bäcker an der Ecke oder der Zeitungskiosk, denn wir wohnten ganz in seiner Nähe. Wenn wir am Abend auf dem Balkon saßen, glaubten wir, ihn mit Händen greifen zu können.

Eines Tages eroberte auch ich das von Touristen meistbesuchte Monument der Welt. Bis zum zweiten Stock ging ich zu Fuß. Es gab auf dem Weg über die Treppen immer wieder interessante Informationen. Daß er von Gustav Eiffel aus Anlaß der Weltausstellung in Paris 1889 konstruiert wurde, weiß fast jedes Kind. Daß er aber wegen seiner winddurchlässigen Konstruktion an der Spitze eine Schwankungsbreite von nur achtzehn Zentimetern hat, und diese auch weniger durch Wind als vielmehr durch Temperaturunterschiede verursacht, ist den meisten unbekannt.

Bis 1907 gab es auch mittags noch etwas Besonderes im Zusammenhang mit dem Eiffelturm. Täglich um zwölf Uhr wurde die Uhrzeit durch einen Kanonenschuß vom Turm aus bekanntgegeben. Später, im Jahr 1912, testete Ferdinand Porsche auf dem Eiffelturm die Aerodynamik für seine Rennwagen. 1953 wurde über einen Fernsehsender auf dem Eiffelturm die Krönung von Königin Elisabeth von England in mehrere europäische Länder übertragen, ein erster Schritt in Richtung Eurovision.

Im ersten Stock liegt ein sehr schönes Restaurant „95 m über dem Meer" - so heißt das Restaurant -, das nicht einmal besonders teuer ist, aber man muß in der Regel einige Zeit im Voraus reservieren. Zu dem Nobelrestaurant „Jules Verne" im zweiten Stock des Turms führt ein eigener Aufzug. Selbstverständlich gibt es oben im Turm auch eine Post, einen Andenkenladen und ein „Cineiffel", also ein „EiffelKino": Bildschirme mit Informationen über den Riesen. Außerdem kann man ein wenig die komplizierte Turmtechnik erkennen. Im zweiten Stock gibt es einen Schnellimbiß und weitere Informationen.

Natürlich bin ich auch in den dritten Stock hinaufgefahren -, eine Treppe gibt es jetzt für die Öffentlichkeit nicht mehr. Der kleine Aufzug eilt zwischen so luftigen Streben nach oben, die immer noch schmaler werden, je höher man kommt, daß ich schon fast fürchtete, mich auf der dritten Plattform nicht mehr wohlzufühlen. Ungefähr vierhundert Menschen sollen seit seinem Bestehen vom Eiffelturm in den Tod gesprungen sein. Heutzutage ist oben alles geschlossen, mit Glas oder Draht. Dennoch haben wir es erlebt, daß ein Lebensmüder ganz oben zwischen den Stützen stand und herunterspringen wollte. Der Platz unter dem Eiffelturm war von der Polizei abgesperrt worden. Außen herum drängten sich die Menschen, die auf den Eiffelturm steigen oder fahren wollten. Unter ihnen war ein japanisches älteres Ehepaar, das uns klagte, es sei auf seiner Europareise nur einen Tag in Paris und wolle doch unbedingt auf den Eiffelturm. Ob das wohl heute noch klappen würde?

Wir fragten einen Polizisten nach den Aussichten. Er machte uns aufmerksam auf zwei weitere Menschen im Gestänge. Diese seien erfahrene Psychologen, vielleicht würden sie den Lebensmüden von seiner Absicht abbringen. So war es dann auch; die Augen unserer beiden Japaner leuchteten, als sie erfuhren, daß der Eiffelturm wieder zugänglich war. Sicher genossen sie den Rundblick besonders. Sämtliche markanten Gebäude und Plätze der Stadt bis weit hinaus in die Vorstädte waren an diesem Nachmittag wunderbar zu sehen und zu erkennen.

Gustave Eiffels Windkanal

Auf dem Eiffelturm hatte sein Erbauer nur ein kleines Büro. Sein Labor liegt an der Ecke der Rue Boileau und Rue Musset. Diese originale Arbeits- und Forschungsstätte ist kein Museum, sondern ein noch heute benutztes Laboratorium, darum Besuchern eigentlich nicht zugänglich. Wir hatten dennoch die Gelegenheit, es mehrmals zu besuchen.

Der erste Raum, von der Rue Boileau aus zu betreten, war wie auf dem Eiffelturm ein kleines Büro, in dem noch heute Eiffels Schreibtisch mit seinem Sessel steht, an den Wänden hängen Fotos. Außerdem steht hier heutzutage das Modell eines Windkanals, dessen Funktion wir bald darauf in der Versuchsanlage erleben sollten.

Eiffel ist deutscher Abstammung. Sein Großvater stammte aus der Eifel. Da sein deutscher Name Boenickhausen in Frankreich etwas schwierig erscheint, nannte sich die Familie Eiffel, mit Doppel-f. Das macht die französische Aussprache eindeutig.

Gustave sollte ursprünglich aus Erbschaftsgründen Chemie studieren, was er ohne große Begeisterung tat. Die Ingenieurwissenschaften dagegen hatten ihn offenbar in seinem langen Leben so sehr gepackt, daß er für nichts anderes mehr Zeit hatte. Selbst seine Frau ließ er sich von seiner Mutter aussuchen, die er in einem Brief darum bat mit dem Hinweis, eine solche Frau auszuwählen, die ihn nicht zu sehr beanspruchen und „nicht mehr als nötig betrügen" würde. Er hatte mit ihr fünf Kinder.

Bei allen Bauwerken, die der berühmte Eiffel konstruierte - Brücken, Türme und Hallen -, war sein Hauptproblem der Wind. Eine der von ihm konstruierten Brücken stürzte bei einem Sturm ein. Deshalb machte Eiffel danach außer Berechnungen auch zahllose Versuche im Windkanal. Diese Versuchsanlage befindet sich in dem von uns besuchten Testlabor.

Es handelt sich bei dem Windkanal, auf französisch la soufflerie, um ein übermannshohes, horizontal angelegtes zweiteiliges Rohr, etliche Meter lang, auf einer hochgelegenen Plattform, in dem durch Sogwirkung eine Windgeschwindigkeit bis zu hundert Kilometern pro Stunde erzeugt werden kann.

Er wurde eigens für uns eingeschaltet. Wir konnten uns mitten hineinstellen, hatten aber Mühe, uns auf den Beinen zu halten; wir stemmten uns schräg gegen den „Sturm" und mußten unsere Brillen und Taschen festhalten.

Alles, was getestet werden sollte, vor allem Flugzeuge, wurde als Modell dieser Luftströmung ausgesetzt, wobei es zusätzlich noch möglich war, Turbulenzen zu erzeugen.

Der nette Monsieur Peter, der uns führte, und der seit Jahrzehnten in dieser Werkstatt arbeitete, schwärmte davon, daß man früher alles noch intensiver hatte empfinden können, daß sich die Ingenieure mit ihren Meßgeräten an den unteren oder - auf einer Brücke - über den oberen Rand des Windstroms legten und so dessen Wirkungen unmittelbar am eigenen Leib erfahren konnten, während sie heutzutage in drei Metern Entfernung am Computer sitzen, um die Meßdaten aufzunehmen und auszuwerten.

Herr Peter erzählte aber auch mit sichtlichem Stolz und Vergnügen von den Versuchen der Ingenieure französischer und später auch deutscher Autofirmen vor Ort - Herr Ferdinand Porsche ist persönlich dagewesen - und dem großen Aufwand, der nötig war, um die Einrichtungen für die Versuche, die in aller Heimlichkeit erfolgen mußten, vorzubereiten und wieder abzubauen. Denn die Entwicklung eines Prototyps für ein Auto dauerte damals noch bis zu zehn Jahre, und keine Autofirma wollte sich in die Karten schauen lassen, genausowenig wie heute.

Auch die Standfestigkeit von Hochhäusern wurde und wird dort getestet. Besonders schöne Modelle von Hochhäusern, ganzen Stadtteilen, Flugzeugen und Autos waren noch lange in der Werkstatt vorhanden, auf runden, im Windkanal drehbaren Brettern von etwa drei Metern Durchmesser. Wir konnten sie noch bewundern; leider wurden sie später aus Platzmangel vernichtet, nachdem sie vergeblich anderen möglicherweise interessierten Institutionen angeboten worden waren. Ein Jammer.

Der gesamte Pariser Stadtteil La Défense war als Modell in mehreren Ausführungen vorhanden. Ein zu testendes Gebäude wurde aus Plexiglas gefertigt und mit nach innen führenden Schläuchen zur Druckmessung versehen. Da aber die umstehenden Hochhäuser auch Einfluß auf die Kraft des Windes haben, wurde stets die ganze Umgebung im Modell mitgebaut.

Monsieur Peters Enttäuschung stand ihm geradezu ins Gesicht geschrieben, als er uns erzählte, wie vor etlichen Jahren im dortigen Labor der erste Windabweiser über der Fahrerkabine von Lastwagen erprobt worden war.

Nach dem Test, der so vielversprechend nach über zehn Prozent Kraftstoffersparnis ausgesehen hatte, wurden zwei baugleiche Lastwagen auf die Straße nach Südfrankreich geschickt, einer mit Windabweiser, der andere ohne. Der reale Versuch sollte den Laborversuch bestätigen. Welch eine Enttäuschung, als beide dennoch gleich viel Benzin verbraucht hatten! Das konnte einfach nicht sein!

Erst nach vielem Nachfragen bei den beiden Fahrern stellte sich heraus, daß einer von ihnen, derjenige mit dem Windabweiser über der Fahrerkabine, viel schneller gefahren war als sein Kollege. Er war fast drei Stunden früher angekommen. Deshalb hatte er die gleiche Menge Kraftstoff verbraucht. Er gab es nur zögernd zu, denn er war schneller gefahren als erlaubt.

Vor über hundert Jahren arbeiteten in Gustave Eiffels Labor fünfzehn Angestellte, heute sind es nur noch wenige, die hier mit physikalischen Versuchen und der aufwendigen Herstellung von dafür benötigten Modellen beschäftigt sind.

Monsieur Peter, dem das Labor viele Jahre lang gehörte, hat es inzwischen verkauft und widmet sich seither der Archivierung und Aufarbeitung all der historisch interessanten Objekte, die aus Eiffels Zeit existieren, z. B. Fotoplatten aus Glas, Briefwechsel (auf französisch) zwischen Eiffel und dem deutschen Physiker und Professor an den Universitäten Hannover und Göttingen, Ludwig Prandtl. Dieser war der Begründer der modernen Strömungslehre und Gustave Eiffel in theoretischen Fragen hilfreich.

Auch von Eiffel angefertigte Karten und Forschungsarbeiten auf dem Gebiet der Meteorologie hält Herr Peter in Händen.

Das Laboratorium Eiffels wurde offiziell zum Historischen Monument erklärt.

Wasserversorgung früher und heute

Er war ein mächtiger Mann in Paris, der Herr über das Wasser. Sein dennoch bescheidenes Wohnhaus steht am Rande des Stadtviertels Montparnasse, in der Rue de l'Observatoire. Seine Räume dienen heute als Heim für mehrfach Behinderte und können nicht besichtigt werden.

Trotzdem ist das Haus ein lohnendes Ziel, denn es bildet den Einstieg in die unterirdische Welt der Frischwasserversorgung für Paris zur Zeit der Maria von Medici.

Maria stammte aus der hochentwickelten italienischen Stadt Florenz und wurde im Jahr 1600 mit dem französischen König Heinrich IV. verheiratet. Als Wohnsitz diente ihr nach dem Tod ihres Mannes und nachdem ihr Sohn Ludwig XIII. neuer König und sie Königinmutter geworden war, der Palast im Park „Jardin du Luxembourg", auf der linken Seineseite. Auf dieser Seite des Flusses gab es keine Quellen. Die Königinmutter wollte aber ihren Park mit Springbrunnen und Wassergrotten ausstatten, die sie an ihre italienische Heimat erinnerten und sich mit den Gärten von Florenz messen konnten.

Die nächstgelegenen Quellen fanden ihre Wasseringenieure in Rungis, Quellen, die schon den Römern bekannt gewesen waren. Diese hatten bereits bis zu zweitausend Kubikmeter Wasser täglich von dort nach Paris – das damals noch Lutetia hieß - geleitet, um ihre geliebten Thermen in der Straße St. Jacques zu versorgen, deren Überreste heute noch zu sehen und zu besichtigen sind.

Lutetia/Paris war bekannt für bestes Wasser, bei nur etwa fünftausend Einwohnern hatte es drei öffentliche Bäder und - nebenbei bemerkt - eine Arena mit siebzehntausend Plätzen. Es wurden also offenbar schon damals zu besonderen Spektakeln viele „Touristen" erwartet.

Die Königinmutter legte im Jahr 1613 in Rungis den Grundstein für die Neuanlage eines Aquäduktes mit einer Länge von fast dreizehn Kilometern und einem Gefälle von 1,6 Prozent. In ihm wurden sechshundert Kubikmeter Wasser täglich transportiert - weit weniger als rund 1500 Jahre früher bei den Römern.

Zehn Jahre nach der Grundsteinlegung sprudelte das Wasser zum ersten Mal, ein Jahr danach floß es durch alle Wasserleitungen, aber erst nach vier weiteren Jahren wurden alle Brunnen regelmäßig mit Wasser versorgt. Bis 1904 floß das Wasser in die Medicibrunnen, heutzutage versorgt es den künstlichen See im Park von Montsouris.

Herr über das Wasser (Intendant général des eaux et fontaines royales à la Cour de France) wurde der Italiener Tomaso de Francini, der Ende des sechzehnten Jahrhunderts nach Frankreich gekommen war und in Saint Germain und Fontainebleau Muschelgrotten hatte bauen lassen sowie den Bau des Aquädukts von Rungis „zu einem guten Ende geführt" hatte. Er nannte sich auf Französisch „Francine". Sein hohes Amt war erblich, sechs Generationen hatten es bis 1784 inne und bewohnten auch bis dahin das für Thomas de Francine gebaute Haus.

Dieses Gebäude ist gleichzeitig das letzte und größte über einem sogenannten „regard", einer Einstiegs- und Belüftungsöffnung über der Wasserleitung. Es gab davon siebenundzwanzig, im Durchschnitt alle 400 bis 600 Meter.

Seit sich Archäologiestudenten mit dem Aquädukt der Maria di Medici beschäftigen, haben sie die Reste vieler „regards" wiedergefunden ebenso wie steinerne Abdeckplatten und den Teil der Wasserleitung, der über den kleinen Fluß Bièvre hinwegführt. Außerdem haben sie die Kanalabschnitte und Wasservorratsbecken restauriert, die man heute einmal im Monat unter dem Haus des Wasserverwalters besichtigen kann. Sie wurden 1994 als Historisches Monument klassifiziert.

Dreizehn steile Stufen führen hinunter in die niedrigen steinernen Gewölbe mit den drei Vorratsbecken, Kanälen und daran entlangführenden Wegen.

Die Becken von je etwa drei mal vier Metern Seitenlänge befinden sich in getrennten Räumen, sind jedoch miteinander verbunden. Das Wasser des ersten Bassins war für den König bestimmt. Wenn dieses voll war, lief es durch eine Röhre über in das zweite Becken, dessen Wasser für den Karmeliter- und den Kapuzinerorden vorgesehen war, und erst wenn auch dieses voll war, füllte sich der dritte Behälter mit Wasser für die Brunnen der Stadt.

Durch Kanäle von etwa 1,30 m Breite und 1,95 m Höhe, in denen zunächst Bleirohre, später gußeiserne Rohre verliefen, wurde das Wasser verteilt.

Ein großes Reservoir sammelte es noch einmal für die Stadt an der heutigen Kreuzung der Straßen Monsieur le Prince/Boulevard Saint Michel, bevor es den großen Brunnen Saint Michel versorgte und dann weitergeführt wurde über die Brücke Pont Neuf, um auch Brunnen auf der rechten Seineseite zu speisen.

Bevor jedoch die Einwohner mit Wasser versorgt wurden, bedienten sich, teils mit entsprechenden Rechten versehen, teils aber auch zu Unrecht, weitere religiöse Gemeinschaften und einige Unternehmer, die an der Konstruktion der Wasserleitung beteiligt gewesen waren, sowie diverse Leute mit einflußreichen politischen Ämtern. Betrüger waren nicht unbedingt die Ausnahme, und wer von ihnen sich mehr Wasser aneignen konnte, als er selber brauchte, verkaufte den Überschuß.

Die Zahl der Wasserträger nahm zur damaligen Zeit, Mitte des 17. Jahrhunderts, deutlich zu, insbesondere auf der linken Seineseite und der zentralen Insel, wo es keine Quellen gab.

Die Armen unter den Wasserträgern schleppten in jeder Hand einen vollen Wassereimer, die besser ausgestatteten hatten pferdegezogene Karren, um das Wasser zu den privaten Haushalten zu schaffen. Im Durchschnitt wurden pro Tag und Person immerhin schon sechs Liter Wasser verbraucht.

Heute ist es für Studenten eine Herausforderung und ein Mutbeweis, in die teilweise eingefallenen unterirdischen Gänge vorzudringen. Eines Tages entdeckte eine Gruppe wagemutiger

Jugendlicher dort einen riesigen Berg Knochen, die sich als Überreste von Katzen erwiesen.

Unmittelbar darüber befand sich ein beliebtes Lokal, in dem „Hasenbraten" die vielgefragte Spezialität war. Noch nachträglich: Guten Appetit!

Heutzutage wird das in Paris benötigte Wasser aus circa fünfzig Quellen im Umkreis von 150 Kilometern herangeschafft, in drei Wasserwerken zu Trinkwasser gereinigt, in fünf Becken gesammelt, um dann von zwei verschiedenen Gesellschaften - je eine für die rechte und die linke Seineseite - entnommen und zum Verbraucher geleitet zu werden.

Dieses Wasser ist völlig in Ordnung, das heißt, vom gesundheitlichen Standpunkt aus kann man es ohne weiteres trinken. Aber auf unserer linken Seineseite war es manchmal braun und schmeckte nicht gut. Wir gehörten zu den vielen Leuten, die Trinkwasser in Flaschen kauften. Freunde aus anderen Stadtteilen sagten uns, daß sie immer Leitungswasser tränken. Vielleicht lag unsere schlechte Wasserqualität auch am Alter der Leitungen im Haus.

Gebrauchtes Wasser und ein Teil des Regenwassers wird gereinigt und in die Flüsse zurückgeleitet. Außer 700 000 Kubikmetern Trinkwasser für Paris werden täglich weitere 200.000 Kubikmeter nicht trinkbares Wasser gebraucht für die Säuberung der Kanalisation, für die Straßenreinigung sowie für die Bewässerung der vierhundert städtischen Parks und Gartenanlagen.

Im Museum der Abwasserkanäle

Eines Tages stieg ich auch in die Unterwelt der heutigen Kanalisation hinab. Der Eingang in dieses „Musée des Egouts" liegt direkt an der Seine auf der linken Seite der Brücke „de l´Alma" und war damit nicht sehr weit von unserem Haus entfernt. Ich erwartete finstere und eklige Anblicke, aber das war völlig falsch. In diesem Museum, das einen hervorragenden Eindruck von den Wasser- und Abwasserproblemen einer Millionenstadt vermittelt, sind nicht nur die Gewölbe, Gänge und Kanäle sehr gut ausgebaut, sondern es ist auch ausgesprochen informativ und interessant. Der Geruch war weniger schlimm als das, was gelegentlich aus den Gullys an den Straßenecken strömte. Es ist und war schon immer eine gigantische Aufgabe, den Abfall vieler Menschen, die auf einem Fleck wohnen, zu entsorgen. Der Besucher sieht in diesem Museum einen ganz kleinen Teil der unterirdischen Flüsse, Rohre und Maschinen und des Drecks, der in der Kanalisation landet. Viersprachige Schautafeln zeigen unter den Überschriften „Paris - die Stadt", „Wasser", „Abwasser" und „Ökologie" die Entwicklung der Wasserver- und -entsorgung bis hin zu der heutigen schier unvorstellbaren Länge von zweitausendeinhundert Kilometern unterirdischer Kanäle.

Noch im siebzehnten Jahrhundert, unter Ludwig XIV., dem „Sonnenkönig", gab es für fünfzigtausend Einwohner nur fünfzehn Brunnen. Wer nahe an der Seine wohnte, holte sich sein Wasser selbst aus dem Fluß, und wer es sich leisten konnte, ließ sich das Wasser von Wasserträgern ins Haus bringen. Von diesen gab es damals bis zu zwanzigtausend. Napoleon I. erkannte das Problem der Wasserentsorgung und ließ Kanäle bauen und Verzeichnisse des damals dreißig Kilometer langen Kanalnetzes anlegen. Aber alle Maßnahmen hinkten immer hinter der Bevölkerungsentwicklung der Stadt her: 1832 brach eine Choleraepidemie aus.

Die Pioniere der Wasserversorgung waren der Präfekt für die Seine, der bekannte Baron Haussmann, der mit der noch heute gültigen Stadtplanung begann, und der Ingenieur Eugène Belgrand, die beide unter Napoleon III. drei Grundsätze verfolgten: die Stadt sollte versorgt werden mit Quellwasser aus der Gegend oberhalb von Paris, das Abwasser sollte erst unterhalb der Stadt in die Seine zurückgeleitet werden und nicht innerhalb von Paris; und aller Unrat mußte in die Kanalisation entsorgt und damit aus der Stadt hinausgespült werden. Das ehrgeizige Ziel heute ist es, alle Abwässer, die in die Seine geleitet werden, vorher aufbereitet und damit das ökologische Gleichgewicht endgültig wiederhergestellt zu haben.

Der Sonnenkönig und Napoleon

Über die Tatsache, daß immerhin schon Ludwig XIV., der „Sonnenkönig", - so genannt nach der Sonne, die der an einem Sonntag geborene Herrscher als Wappenbild annahm -, sich um das Schicksal seiner Kriegsveteranen gekümmert hat, habe ich gestaunt, das verdient Anerkennung. Er ist es nämlich, der das „Hôtel des Invalides" mit dem Invalidendom hat bauen lassen. Ein „Hôtel" ist nämlich durchaus nicht immer ein Hotel, sondern ein Herrschaftshaus, ein Privatpalast, ein Stadtschloß; und ein „Hôtel-Dieu", „Gottes Privatpalast" ist ein städtisches Krankenhaus. Das gefällt mir besonders. Vielleicht haben Franzosen eine ausgeprägte Skepsis gegenüber ihren Ärzten. Auf Gott ist mehr Verlaß.

Das „Hôtel des Invalides" nun ist ein riesiger Gebäudekomplex mit integriertem Dom und Kapelle, in dem ehemalige Soldaten aus den Kriegen des Sonnenkönigs Wohnung, Arbeit und Betreuung fanden, damit sie nicht bettelnd oder raubend durch das Land zogen.

Dennoch entspringt diese soziale Einrichtung nicht unbedingt einer großen Menschenliebe des Königs. Bei dem Besuch des Wohn- und Altenheims, das seine Maitresse Madame de Montespan in einem Vorort von Paris bauen ließ, hörten wir einiges über die wahren Beweggründe des Königs und seiner Geliebten.

Jeder Bürger mußte fünfmal im Jahr ein kräftiges Almosen für die Armen und Alten und Invaliden seines Wohnortes an den König bezahlen, das dieser mit großzügiger Geste an die Armen weitergab. Wären die Bettler täglich in den Straßen aufgetaucht und bereits hier von ihren reicheren Mitbürgern versorgt worden, wäre deren Pflichtabgabe sicher deutlich kleiner ausgefallen, und man hätte die Bürger als die eigentlichen Wohltäter betrachtet. Um wieviel weniger spendabel hätte dann aber der König dagestanden! Also sammelte man die Bettler von der Straße, sperrte sie in ein Heim - viel anders war die Lage der Betroffenen wirklich nicht zu beschreiben - und versah sie mit den gnädigen Zuwendungen ihres so wohltätigen Königs.

Zurück zum „Hôtel des Invalides"! Die Gebäude mit insgesamt sechzehn Kilometern Fluren umschließen einen großen „Ehrenhof". Die Räume beherbergen heutzutage hauptsächlich das Armeemuseum. Stundenlang bin ich durch Säle mit Ritterrüstungen gelaufen, auch mit „niedlichen" Rüstungen für kleine Kinder - die Schmiede müssen hervorragende Handwerker gewesen sein -, durch Säle mit Gewehren - daß man selbst Geräte zum Töten von Menschen mit den feinsten Einlegearbeiten aus Elfenbein versah, ist schon bemerkenswert -, durch Räume mit Bajonetten, Kanonen, Flaggen, Feldbetten, Zelten, Feldkücheneinrichtungen und was der Ausstattungen mehr sind, die man auch im Krieg unbedingt brauchte. Außerdem gibt es lebensgroße Figuren in schicken Uniformen, aber auch die Kleidung einfacher Soldaten mit authentischem Schmutz der Schlachtfelder und echten Einschußlöchern feindlicher Gewehrkugeln; außerdem Tagebücher, Schlachtengemälde und Bronzebüsten berühmter Generäle. Napoleon ist auf seinem ersten „offiziellen" Gemälde als Kaiser im Hermelinmantel mit Lorbeerkranz auf dem Haupt zu bewundern, und in einer Vitrine dem Bild gegenüber sieht man seinen arabischen weißen Gaul, ausgestopft und wunderbar präpariert, mit Lebensdaten versehen: von einem türkischen

Pascha geschenkt, von St. Helena nach England und später nach Frankreich transportiert, gestorben daselbst 1829. Ich habe ihn nicht bewundert, ich habe mich nur gewundert. Aber schließlich kann auch ein Pferd ein Symbol der Glorie Frankreichs sein, sofern es von Napoleon geritten wurde. Ein „Videoclip" oben auf dem „Arc de Triomphe" betont, die Franzosen hätten zwar Schlachten, aber nie einen Krieg verloren. Man muß jede Gelegenheit nutzen, um Schülern, Ausländern und sonstigen potentiell Interessierten die „Grande Gloire de la Grande Nation" vor Augen zu führen.

Zum „Hôtel des Invalides" gehört der Invalidendom. Seine Kuppel ist auf dunklem Untergrund mit achtzehn Kilogramm Blattgold belegt und sieht abends, wenn sie angestrahlt wird, so filigran aus, daß sie wie gestickt wirkt. Wunderschön. Aber der Innenraum wirkt trotz seiner ausgeglichenen Proportionen auf mich monströs und kalt. In den Seitenkapellen ruhen Brüder Napoleons sowie Befehlshaber und Marschälle. Genau unter der Kuppel liegt in einem riesigen rötlichen Porphyrsarkophag, in den weitere sechs Särge aus verschiedenen Materialien geschachtelt sind, Napoleon selbst. Es gibt nirgends Blumenschmuck oder Grün, alles wirkt nur bombastisch. Aber zum „großen" Napoleon paßt es ja vielleicht.

Arkaden, Passagen und Galerien

In weihnachtlichem Schmuck aus Tannengrün, vielen elektrischen Kerzen, riesigen goldenen Schleifen und aufgehängten echten, roten Paprikaschoten sind die vielen historischen Pariser Passagen besonders schön. Die Stadtführung mit Claude durch die überdachten Gänge begann hinter dem „Palais Royal", auf der Rückseite des Louvre und führte uns bis an den Fuß des Mont Martre.

Der „Palais Royal", der „Königliche Palast", wurde von Kardinal Richelieu gebaut und ging später in den Besitz des Königs über. Ludwig XIV., der sog. Sonnenkönig, verbrachte hier einige Jahre seiner Kindheit. Ein späterer Verwandter des Königs, Herzog Louis Philippe von Orleans, ließ hinter dem Palast Häuser bauen und Kolonnaden anlegen, zunächst nur zwei Doppelreihen von überdachten Säulen, die Marktständen als Schutz dienten; später wurde das Areal um zwei Drittel erweitert und rundum als geschlossenes Rechteck angelegt und mit Geschäften, Cafés und Spielsalons ausgestattet. Es war ein Anziehungspunkt für alle Gesellschaftsschichten der Stadt. Hier bummelte „man", hier ließ man sich sehen, hier befriedigte man seine Neugier. Interessantes, Fremdländisches und Modernes konnte man hier zuerst erleben. Jeder hatte Zutritt zu diesem Platz - außer der Polizei. Es herrschte ein liberales Klima, hier konnten sich sogar die Gegner der Monarchie treffen.

Im „Café Mécanique" konnte man die neueste Technik erleben. Der Gast schrieb seine Bestellung auf einen Zettel, rollte diesen auf und steckte ihn in eins der hohlen Tischbeine. Nach kurzer Zeit senkte sich die Mitte der Tischplatte ab und kam wieder zurück mit allem, was bestellt worden war, Kaffee, Tee oder Trinkschokolade. Im Café gab es keine Kellner, die Gäste waren unter sich. Die Räume waren unterteilt in viele kleine Séparés, man wollte nicht gesehen werden, und noch heute soll es in einigen altehrwürdigen Gasthäusern und Cafés alte Spiegel geben mit einigen tiefen Kratzern darin. Damit haben die Damen die Echtheit der Brillantringe und Edelsteine geprüft, die ihnen ihre Liebhaber geschenkt hatten.

In einem Parfumladen kann man die zu damaliger Zeit moderne Wandmalerei im Stil von Pompeji bewundern, das gerade neu entdeckt worden war. Die Rundbogenüberdachungen vor den Geschäften und den dazu kontrastierenden geraden Decken hatte man Venedig abgeschaut. Vor einigen Jahren wurde im Ehrenhof unmittelbar hinter dem Palast ein zeitgenössisches Kunstwerk installiert, das die Geister scheidet. Säulenstümpfe, die in ihrer Höhe - außer wenigen herausragenden - das unebene Niveau des Platzes optisch ausgleichen sollen, sind mit genau gleichen Blockstreifen versehen, die an die Etiketten von Lebensmitteln erinnern, wie sie von den Scannerkassen gelesen werden können. Die Tatsache, daß der Künstler, Daniel Buren, nicht mehr ein einzelnes Werk herstellte, sondern seine Säulen in dieser Weise vervielfältigte, soll die Reproduzierbarkeit der meisten Dinge unserer heutigen Welt zeigen. Hochglänzende Stahlkugeln auf zwei Brunnen spiegeln vervielfältigend und verkleinernd die Gesichter der Betrachter.

Von den Einkaufsarkaden des Palais Royal ging unser Spaziergang weiter zu völlig geschlossenen und überdachten Passagen und Galerien. Viele sind in Privatbesitz, werden abends mit Gittertoren verschlossenen, sind aber versehen mit der sogenannten „servitude", dem Wegerecht. Die Besitzer sind verpflichtet, tagsüber den Durchgang zu ermöglichen, was sie natürlich auch gerne tun, denn die Geschäfte wollen leben. Im Maraisviertel gibt es sogar eine Kirche mit einem Wegerecht längs durch das Gotteshaus.

Die renovierte Galerie „Verot-Dodat" gehörte ursprünglich zwei Metzgern, die von hier aus ihr Fleisch „in alle Welt" versandten, „global player" im neunzehnten Jahrhundert. In Verlängerung der Palastarkaden wetteifern die Galerien „Colbert" und „Vivienne" um die Gunst der Kunden durch ihre elegante Ausstattung. In letzterer war ich sehr angetan von einem Geschäft mit einer nie gesehenen Auswahl an Weinkaraffen. Von dort ging es über die „Rue Vivienne" in die lange und schmale „Passage des Panoramas" und nach Überqueren des Boulevard Mont Martre am Wachsmuseum vorbei in die Passage „Jouffroy", wo man Orientalisches, Kitschiges und Nostalgisches kaufen kann. Jede Galerie und Passage hat ihren ganz eigenen Charakter und einige ausgefallene Geschäfte. Je nach eigener Vorliebe bevorzugen die Pariser oder eher die Pariserinnen zum Bummeln Passagen im Jugendstil, antik anmutende oder elegante Passagen. Es lohnt sich auf jeden Fall, diese nicht nur als Einkaufsparadiese zu betrachten, sondern auch auf Feinheiten der Architektur zu achten, auf die Glasdachkonstruktionen oder die bemalten Decken, auf feine Säulen und zierliche Reliefs, auf interessante Laternen oder historische Skulpturen.

Der Großmarkt von Rungis

Man muß früh aufstehen, um den Pariser Großmarkt kennenzulernen. Zwar sind manche Hallen und Lager bis zwölf, dreizehn Uhr geöffnet, aber das Leben spielt sich in der Nacht ab. Das Warenangebot, das Kaufen und Verkaufen, dieses Feilschen und Handeln - das alles ist erlebenswert.

Manch ein Tourist trauert mit Recht den alten nostalgischen Großmarkthallen, „Les Halles", im Herzen von Paris auf der rechten Seineseite nach.

Ein Markt existierte dort, zwischen der Kirche Saint Eustache und dem damaligen Friedhof bzw. dem Brunnen der Unschuldigen, schon seit dem zwölften Jahrhundert, wo Ludwig VI., der Dicke, einen ersten großen Marktplatz hatte errichten lassen. Auf dem von einer Mauer umgebenen und nachts geschlossenen Gelände war dreimal in der Woche Markttag.

Im Laufe vieler Jahre wurde der Handelsplatz immer wieder erweitert, ganz besonders aber, nachdem im neunzehnten Jahrhundert von dem angrenzenden Friedhof der Unschuldigen Gebeine von Millionen anonym zum Teil im großen Krankenhaus „Hôtel Dieu" Verstorbener in die Katakomben überführt worden waren.

Napoleon III. ließ dann die Hallen bauen, die manche aus der Erinnerung noch kennen, leichte Eisenkonstruktionen mit viel Glas gepaart, für die er sich vom nahegelegenen Ostbahnhof hatte inspirieren lassen und die mit diesem durch eine Eisenbahnlinie verbunden waren.

Jene Hallen mit ihrem lebhaften Treiben, ihren starken Gerüchen und ihren besonderen Gestalten, treffend beschrieben von Emile Zola in seinem Roman „Der Bauch von Paris", wurden ab 1969 nicht mehr genutzt und, gegen den jahrelangen Protest vieler Pariser, 1972 abgerissen.

Nur noch eine naive, aber realistische Skulptur in der Kirche Saint Eustache vom Auszug der Marktleute aus ihrem Viertel und einige Straßennamen - Rues de la Ferronnerie, de la Lingerie, de la Cossonnerie, de la Truanderie, des Prêcheurs, also die Straßen der Eisenwaren, der Wäscherei, der 'Hülsenfrüchterei', aber auch des Bettlerhandwerks, der Moralprediger erinnern an den früheren Marktplatz mitten in Paris.

Wer Marktbeschicker und -händler werden wollte, mußte in damaligen Zeiten eine Prüfung bestehen: Er mußte zweihundert Kilogramm Gewicht über eine Strecke von sechzig Metern tragen können.

Heutzutage kommen Kolonnen von Lastwagen nachts um ein, zwei, drei Uhr auf der Autobahn von überallher, die alle dasselbe Ziel haben: den neuen Großmarkt von Rungis im Süden der Stadt.

Wir mußten für unseren Personenwagen eine Einfahrtgebühr bezahlen, fuhren mitten auf das ausgedehnte Marktgelände und ließen dort unseren Wagen auf einem der 30 000 Parkplätze stehen.

Damit mußten wir uns allerdings auf weite Fußwege gefaßt machen.

Ein Plan vom Großmarkt ist sehr hilfreich, denn man muß bei dessen Größe von 56 000 Quadratmetern eine Auswahl der

Hallen treffen, die man sehen oder wo man kaufen möchte. Es gibt dreihundertzehn Handelsunternehmen.

Neben vierundzwanzig Restaurants, zahlreichen Firmenbüros und den Verwaltungsgebäuden stehen die Hallen, nach Produkten geordnet, für Milch, Milchprodukte und Geflügel, Obst und Gemüse, Erzeugnisse aus Meer und Süßwasser, Gartenbau und Dekorationsartikel sowie Fleisch und einige Hallen für Fertigprodukte und Delikatessen. Auf dem Plan kann man sie alle durch farbige Markierung leicht finden.

„Rungis" ist einer der größten Märkte für den Handel mit Meerestieren. In der Nacht transportieren LKWs von allen Meeren, die an Frankreich grenzen, Nordsee, Atlantik und Mittelmeer, den frischen Fang nach Rungis. Dort wird er noch in derselben Nacht versteigert und von Gourmetrestaurants und Delikatessengeschäften gekauft und dabei nicht nur in Paris, sondern in ganz Europa verteilt. In manchem Fischladen in Paris kann man Fische kaufen, die markiert sind mit dem Zusatz „petit bâteau". Das bedeutet, daß dieser Fisch von einem kleinen Boot aus gefangen wurde, das nicht wie viele große Fangschiffe tage- oder wochenlang auf dem Meer bleibt, sondern daß der Fisch bereits am nächsten Tag über Rungis auf dem Eisbett im Fischgeschäft landet. Frischer geht es nicht. In die zahlreichen anderen Länder geht der Fisch oft mit dem Flugzeug. Die Fischhändler haben ihre Ware schon früh verkauft und schließen bereits um halb acht Uhr morgens.

In den Gebäuden für Fleischwaren muß man als Besucher einen Schutzanzug und Stiefel anziehen, um keine Keime hineinzutragen. Die Temperatur dort beträgt nur sechs Grad. Die für die Fleischhändler maximal einzuhaltende Verkaufszeit liegt bei vierundzwanzig Stunden, dann müssen ihre Produkte frisch den Eigentümer gewechselt haben.

Sehr schön ist es in den Hallen mit Blumen. Es gibt vielerlei Exotisches von allen Kontinenten, hohe Sträuße, wie man sie gelegentlich auf den Tischen Pariser Restaurants sehen kann, ebenso wie nach Farben und Arten sortierte oder buntgemischte, wie sie bei den Fleuristen in Paris oft so teuer sind.

Allein der Gartenbaubereich hat tausend Angestellte, insgesamt ist der Großmarkt Arbeitsplatz für rund siebzehntausend Menschen.

In den Gemüsehallen sind neunundzwanzig Prozent des Handelsgutes Salate und Tomaten in zahlreichen Sorten. Beeindruckend sind die Minizüchtungen oder früh geernteten Gemüsearten wie die winzigen Blumenkohlköpfe, Zucchini oder Möhrchen.

In einem „Bananis" in Anlehnung ans Französische „paradis" genannten hermetisch verschlossenen Raum werden Bananen zur Reifung gebracht. Sie werden nach zehntätigem Schiffstransport zum Beispiel von der Elfenbeinküste bei siebzehn Grad Celsius fünf Tage lang mit einem Gas behandelt, das ihre Schalen nach Gurken riechen läßt. Erst dann gehen sie in den Verkauf.

Im Delikatessenbereich herrscht insbesondere vor Weihnachten dichtes Gedränge auch von Privatleuten. Dort wechseln nicht nur schier unzählige Arten von Schokolade den Besitzer, sondern auch, frisch oder in Dosen, siebzehn Tonnen Fettleber (foie gras) pro Jahr.

Wie dort kann man auch bei vielen anderen Händlern privat einkaufen. Es gibt da keine Regel. Die einen verkaufen grundsätzlich auch an Privatleute, die anderen tun es grundsätzlich nicht, die dritten nur ab einer bestimmten Summe und die vierten nur, wenn sie gerade Zeit haben. Man muß also fragen. Häufig kann man nicht mit Bankkarte bezahlen, sondern nur bar.

Ob man nun selbst kaufen möchte oder nicht, einmal sehr, sehr früh aufzustehen für einen Besuch des Großmarktes lohnt sich.

Im Marais

Wenn ich allein durch dieses Viertel spaziert wäre, hätte ich wohl gar nicht so viel Besonderes wahrgenommen, außer daß mir der schöne, harmonisch gestaltete Platz „des Vosges" aufgefallen wäre, und natürlich wäre ich auch allein ins Picassomuseum gegangen. Selbstverständlich wären mir auch einige der schmalen Straßen aufgefallen und ein paar schön restaurierte Stadtpaläste. Aber am interessantesten sind doch immer die Geschichte und Geschichten hinter den Fassaden. Wobei ich gleich mit den Fassaden selbst anfangen kann, denn die - ich weiß nicht wann - erlassene Vorschrift, daß alle Häuser einer Straße eine gerade Front zu bilden hätten, ist eben wegen der raffinierten Umgehung dieser Vorschrift in der kleinen „Rue Aubriot" schön zu erkennen. Der Torbogen eines Hauses in dieser Straße wird zwar vorschriftsmäßig gerade in der Linie der Häuserfront weitergeführt, das Tor selbst aber führt gegen das Gesetz schräg in den Hof, denn die Kutschen hätten in der schmalen Gasse anders nicht die Kurve kriegen können.

Überhaupt fallen die vielen schmalen Straßen auf. Baron Haussmann interessierte sich nicht für diese Gegend. Derselbe Haussmann, der in anderen Stadtteilen breite Schneisen mitten durch die Wohnviertel hatte schlagen lassen, ließ das Marais unberührt. Denn nur kleine Handwerker mit ihren Werkstätten und Krämerläden hatten sich in diesem Viertel niedergelassen. Die im Mittelalter hier gelegenen Wohnsitze „St. Paul" und „des Tournelles" der französischen Könige existierten schon nicht mehr, das aristokratische Leben hatte sich längst nach Versailles verlagert.

Dennoch gibt es noch einige schöne Stadtpaläste. Im „Hôtel St. Aignan", 1645/50 gebaut und nach seinem zweiten Besitzer benannt, in dem sich seit Ende 1998 das Museum der jüdischen Kunst und Geschichte befindet, wird die symmetrische Anlage eines solchen Palastes deutlich. An der Straßenfront steht das

„maison de service", der Hausteil für das Personal. Der eigentliche Wohnsitz der adeligen oder reichen Leute lag auf der hinteren Seite des Innenhofes. Die beiden Seitenflügel waren immer symmetrisch hierzu angelegt. Im „Hôtel St. Aignan" gab es für den linken Flügel jedoch keinen Platz mehr, da sich dort bereits die Stadtmauer befand. So baute man nur eine Fassade vor die Mauer, mit normalen Fenstern, die hinter dem Glas schlicht mit Klappläden gegen die Stadtmauer verschlossen sind. Dadurch nimmt man die Täuschung, den „trompe l´oeil", kaum wahr. Diese falsche Fassade heißt im Französischen sehr nett „mur renard", „Fuchsmauer", da der Fuchs als ebenso trickreich gilt.

Besonders schön ist auch das „Hôtel de Soubise", wo die Marquise de Soubise lebte. Sie war zeitweilig die Geliebte König Ludwigs XIV., obwohl sie verheiratet war – und er natürlich auch. Der „Sonnenkönig" schenkte ihr sehr kostbare Ohrringe aus Smaragden, die bekanntlich grün sind. Sie trug sie immer dann, wenn ihr Ehemann abwesend war und der König zu einem intimen Treffen kommen konnte. „Grünes Licht" durch grün leuchtende Edelsteine. Eine schöne Geschichte!

Eine andere schöne Geschichte rankt sich um den Palast des Kardinals von Rohan. Er soll unsterblich in Marie-Antoinette, die Frau König Ludwigs XVI., verliebt gewesen sein. Marie-Antoinette hingegen war verliebt in eine sündhaft teure Halskette, die sie sich viele Jahre lang nicht leisten konnte. Endlich wollte sie sie dennoch kaufen, auf Ratenzahlung. Der Kardinal fungierte als Vermittler zwischen ihr und den Juwelieren, wollte ihr aber bei einem Schäferstündchen, welches Dank für seine Vermittlerdienste sein sollte, die Kette unbedingt persönlich um den Hals legen. Es gab ein abendliches Stelldichein im Park von Versailles. Als der Kardinal der Königin gerade das kostbare Teil umgelegt hatte, sprang sie auf mit dem entsetzten Ruf: „Der König kommt" und verschwand - mit der Kette um den Hals. Später stellte sich heraus, daß diese

Frau gar nicht die Königin gewesen war, sondern eine Doppelgängerin. Die kostbaren Edelsteine der Kette wurden einzeln verhökert. Kein Käufer schöpfte Verdacht, da niemand wußte, daß diese Steine aus einer Kette stammten, die für die Königin gedacht war. Tatsächlich sind in einem Museum in Washington kostbare Steine, die Teile dieser Kette gewesen sein sollen, ausgestellt. Und im Schloß von Breteuil, circa dreißig Kilometer südwestlich von Paris, kann der Besucher eine Nachbildung der Kette bewundern.

Eine große Rolle spielten im Marais die christlichen Orden. Sie haben dieses ursprünglich sumpfige Gebiet - nichts anderes bedeutet das Wort „marais" - trockengelegt und bewohnbar gemacht. Noch heute gibt es eine Kirche und eine Straße „des Blancs Manteaux", „der weißen Mäntel", da die Mönche des gleichnamigen Ordens weiße Mäntel trugen; sie konkurrierten mit den Orden „des Billettes", weil die Kleidung der Ordensleute Geldscheinen ähnelte, und „les Enfants Rouges", „die Roten Kinder", ebenfalls nach ihrer Kleidung benannt. Sie waren die einzigen, die unter König Franz I. offiziell betteln gehen durften.

Die Kirche „Les Blancs Manteaux" hat eine wunderschöne Kanzel mit herrlichen Einlegearbeiten aus verschiedenen Hölzern und außerdem etwas Besonderes, dem wir schon einmal begegnet sind, nämlich eine „servitude", ein Wegerecht. Hinter dem Altar der Kirche, in der Apsis, gibt es einen zweiten Ausgang neben dem üblichen in der Frontseite der Kirche. Man konnte also - darin bestand das verbriefte Recht - die Kirche der Länge nach als Durchgang zu einer anderen Straße benutzen, was sehr ungewöhnlich ist.

Überall geben die Straßennamen Aufschluß über die Geschichte des Viertels oder über die Art der Ansiedlung. Die lebhafte „Rue du Temple" mit vielen Juwelieren, auch Großhändlern, ist benannt nach dem Templerorden, der während der Kreuzzüge den Weg der Pilger nach Jerusalem sichern sollte. Seine Mitglieder waren sowohl Mönche als auch Ritter. Sie brauchten in Frankreich keine Steuern zu bezahlen und wurden dadurch so immens reich, daß sie die einzigen Christen waren, die in großem Stil Geld verleihen konnten. Ansonsten waren die Juden die Geldverleiher. Die französischen Könige bedienten sich der Templer schamlos, so schamlos, daß Philipp IV., der sogenannte Schöne, ihre gewaltige Tempelburganlage mitten im Marais mitsamt den Ordensrittern 1312 niederbrennen ließ, um an ihr Geld bzw. ihre Schätze zu kommen. An der Ecke der Straßen „Rue Gabriel Vicaire" und „Dupetit Thouars" gibt es noch einen Plan der ursprünglichen Anlage.

In der kleinen Straße „Bourg Tibourg" gibt es noch etwas, was mir sehr gefallen hat, nämlich eine Teestube mit Teeladen und Teemuseum. Wir haben dort mittags gelegentlich eine Kleinigkeit gegessen und bekamen zum Menü den passend aromatisierten Tee serviert. Im Geschäft gibt es -zig Sorten Tee und sehr interessantes, originelles Teegeschirr. Am besten gefiel mir eine versilberte Kanne in der Form eines liegenden, beladenen Kamels. Ihr Griff wird, sehr raffiniert, durch einen Kameltreiber gebildet. Das massivsilberne Original dieses Prachtstücks befindet sich im Londoner „Royal Albert and Victoria Museum". In dem kleinen Pariser Teemuseum findet man außerdem im ersten Stock Teedosen, Versandkisten für Überseetransporte und Picknickkörbe für Teeutensilien.

Das Marais gilt bei manchen Leuten als Judenviertel, was es aber nicht ist. Nur die Straße „des Rosiers" wird heutzutage überwiegend von Juden bewohnt, dort findet man auch viele Läden oder kleine Restaurants mit koscheren Lebensmitteln. Das Museum für jüdische Kunst und Geschichte liegt wohl auch nur zufällig in diesem Stadtteil. Es ist sehr umfangreich, und wer nicht mit jüdischem Brauchtum vertraut ist, braucht hier unbedingt eine Führung oder zum mindesten einen „audioguide", einen Tonbandführer. Da wir zum ersten Mal im

Februar durch das Maraisviertel spazierten, fielen uns die vielen roten Laternen auf, die traditionsgemäß von Chinesen aus Anlaß ihres Neujahrsfestes vor die Tür gehängt werden. Die Bevölkerung dieses außerordentlich lebendigen Stadtteils scheint durchaus aus mehreren Ländern und Erdteilen zu stammen.

Paris von oben

Es reizt uns immer, Türme oder Berge zu erklimmen, um die Welt von oben sehen zu können. Eine Stadt von oben zu betrachten, ist für uns immer dann interessant, wenn sie so viele markante Punkte hat wie Paris, und wenn wir diese Punkte von innen oder unten kennen; wenn ich also zum Beispiel nicht nur die Kuppel des Invalidendoms sehe, sondern gleichzeitig das Grabmal von Kaiser Napoleon unter dieser Kuppel vor meinem inneren Auge wahrnehme.

In Paris gibt es viele Möglichkeiten, nach oben zu steigen und die Stadt von oben zu sehen, die sich in Höhe, Lage, Bequemlichkeit und Kosten erheblich voneinander unterscheiden.

Für die meisten Touristen ist der Eiffelturm am attraktivsten, auch für mich war er es, allein schon deshalb, weil ich fast zu seinen Füßen wohnte. Nirgends in Paris kommt man höher hinauf. Der Blick von ganz oben, also aus einer Höhe von 274 Metern, ist fast wie ein Blick aus dem Flugzeug. Man kann sich diesen Blick erarbeiten, indem man bis zum zweiten Turmabsatz zu Fuß geht, oder man kann von unten an mit dem Aufzug hinauffahren. Man sieht das gesamte Panorama der Stadt auf der einen Seite und erkennt die Größe des „Bois de Boulogne", des 845 Hektar großen Parks, auf der anderen Seite. Mein Fernglas war sehr nützlich, weil ohne dieses alles so puppenklein erschien. Außerdem hatte ich auf Rückseitenwetter gewartet. Diesen schönen Begriff aus der Meteorologie hatte ich bei

Florian gelernt. Als Flieger weiß er nämlich, daß auf der Rückseite von Schlechtwetterfronten die Luft meist glasklar ist, und für einen wirklich schönen Weitblick vom Eiffelturm braucht man sie, die glasklare Luft.

Für einen guten Überblick über die Innenstadt konnte man früher Samaritaine auf das Dach steigen. Das war kein Mädchen, sondern ein Kaufhaus, nicht weit entfernt von der Kathedrale Notre Dame und dem Rathaus. Man konnte bequem mit einem der vier Aufzüge in den neunten Stock fahren, mußte nur noch zwei Treppen laufen und hatte dann einen herrlichen Rundblick über die Stadt, auf sämtliche Kirchen, Museen und Bahnhöfe, auf die Champs Elysées mit dem Arc de Triomphe, auf die Seine und den Eiffelturm. Auf einer Panoramakarte wurde alles erklärt, was rundum zu sehen war, und die Auffahrt kostete nichts. Leider wurde das Kaufhaus wegen gravierender Sicherheitsmängel, für die Pariser ganz überraschend, eines Tages geschlossen.

Mich reizte auch der Aufstieg auf den Turm von Notre Dame. Erst hinter der Kasse, an der man für den Aufstieg bezahlt hat, konnte man lesen, daß man ihn lieber bleibenlassen sollte, wenn man nicht bei bester Gesundheit sei. Außerdem sei der Aufstieg sehr, sehr eng.

Ich hielt mich für gesund und schlank genug und stieg los. Ich durchquerte bald einen Raum mit Informationen über die Baugeschichte und Geschichte der Kirche. Die Treppe führte entgegen den Ankündigungen breit und durchaus nicht unbequem bis zum Giebel des Mittelschiffs. Dort trat ich hinaus auf eine Galerie, von der aus ich ebenfalls einen herrlichen Blick über die Stadt hatte. Ganz nah war das Museum Centre George Pompidou mit seiner bunten Fassade, sehr gut zu sehen die markante Kirche „Sacré Coeur" auf dem Mont Martre, und wenn ich mich weit auf die Zehen reckte, erkannte ich steil unter mir den „Point Zero", den Nullpunkt auf dem Platz vor der Kirche. Von diesem Punkt aus werden in Frankreich alle

Straßenentfernungen gemessen. Besonders interessant ist es aber, daß der Platz so gepflastert ist, daß man von oben die Lage der Grundmauern des uralten Stadtkerns von Paris, des keltisch-römischen Lutetia, deutlich erkennen kann, die in einem unterirdischen Museum noch zu besichtigen sind.

Ich bestaunte in einem der Kirchentürme die große Glocke, wobei mich allerdings noch mehr als die Glocke selbst das sichtbare Gebälk des Dachstuhls beeindruckte. Ich fühlte mich an den Film „Der Glöckner von Notre Dame" erinnert, in welchem der arme bucklige Glöckner sich hier oben aufhält und vor den Menschen versteckt. Ich stieg in dem Turm noch weiter hoch. Hier wurde es nun tatsächlich eng, so eng, daß sicher einer zurückgehen müßte, wenn sich zwei Mollige begegneten. Aber es lohnte sich hinaufzusteigen. Die Lage der Kathedrale auf der Seineinsel war gut zu sehen, es gibt dort viel Grün, und das Kirchendach mit seinen steinernen Wasserspeiern ist von oben auch beachtenswert.

Auf dem Platz „Charles de Gaulle" oder, bei uns besser bekannt unter dem früheren Namen „Place de l´ Étoile", „Sternplatz", konnte man den Triumphbogen erklimmen. Bevor man ins Freie trat, umgaben den Interessierten Steinreliefs mit Kriegsszenen, und zwei Videogeräte klärten permanent über die vielen Siege der sogenannten „Grande Nation" auf. Wir verließen den Raum etwas irritiert über soviel Kriegerisches und freuten uns auf den Ausblick auf die Champs Elysées und elf weitere breite Alleen, die eindrucksvoll sternförmig zum Triumphbogen führen. Besonders eindrucksvoll war der Aufenthalt hier oben, als Frankreich vor Begeisterung über den Fußballsieg gegen Paraguay auf den Champs Elysées jubelte und tanzte wie am Hexensabbat. Ein absolutes Muß allerdings ist der Besuch der oberen Terrasse auf dem Triumphbogen, wenn im Dezember die Champs Elysées im glanz der weihnachtlichen Festbeleuchtung erstrahlen.

Hinter dem Triumphbogen, etwa zwei Kilometer westlich der Champs Elysées, befindet sich die „Grande Arche", der moderne „Große Bogen". Die „Grande Arche" wurde 1989 errichtet, zur zweihundertsten Wiederkehr der französischen Revolution. Dort beginnt das moderne Viertel „La Défense", das mit seinen farbigen Hochhäusern, ausgefallenen Brunnen und Spielstätten durchaus sehenswert ist. Über die „Allee der Großen Armee" sieht man in östlicher Richtung über den bekannten Triumphbogen die Champs Elysées entlang, weiter über den „Runden Punkt" und die „Place de la Concorde", den größten Platz von Paris, über den Park der Tuilerien bis zum Louvre, alles in gerader Linie. Am besten fährt man nachmittags hinauf, um nicht gegen die Sonne zu gucken, und unbedingt empfehlenswert ist ein Fernglas.

Sehr attraktiv ist auch ein Blick über Paris von der Dachterrasse des zu unserer Zeit einzigen innerstädtischen Hochhauses im Viertel Montparnasse. Sowohl die Pariser als auch Touristen sind wenig begeistert von diesem Hochhaus, weil es das sonst so harmonische Bild der Stadt massiv stört. Der Besuch der Aussichtsterrasse aber ist empfehlenswert, zum weil der Rundblick großartig ist, zum anderen weil die Terrasse des Hochhauses die einzige Aussichtsplattform ist, von der aus der Blick über die Stadt nicht durch das häßliche Hochhaus gestört wird.

Wir fuhren mit einem der Aufzüge in nur achtunddreißig Sekunden bis zur 56. Etage des Hochhauses, das sich „Tour Maine-Montparnasse" nennt. Auf dieser Höhe von 196 Metern befindet sich sowohl eine Imbißmöglichkeit als auch das sehr gepflegte Restaurant „Le Ciel de Paris", „Der Himmel von Paris". Die Fahrt mit dem Aufzug war nicht ganz billig, aber sie lohnte sich. Drei Stockwerke ging es dann noch zu Fuß weiter, dann standen wir auf der großen Dachterrasse, von der aus wir einen herrlichen, einen einzigartigen Blick über die Stadt und insbesondere auf den Eiffelturm hatten, der von dort aus gesehen hinter der „Ecole Militaire" und dem Marsfeld liegt. Mit einem Fernglas konnten wir sogar bis in unsere Wohnung blicken, die nicht weit vom Eiffelturm entfernt lag.

La Défense

La Défense ist ein westlicher Stadtteil von Paris und sicher nicht das, woran man beim Stichwort Paris als erstes denkt. Er kann auch nur im weiteren Sinne als Stadtteil von Paris bezeichnet werden, weil er außerhalb des berühmten Périphérique, dem inneren Autobahnring, liegt. Das eigentliche Paris besteht aber nur aus den zwanzig Arrondissements, die vom Périphérique umschlossen werden. Deshalb geht die Einwohnerzahl der Stadt auch nicht über zwei bis zweieinhalb Millionen Menschen hinaus. Im Großraum Paris hingegen, weitgehend mit der „Ile de France" identisch, leben über elf Millionen Menschen.

La Défense ist durchaus eine Besichtigung wert. Außerdem spielt es in der Wirtschaft der Stadt eine wichtige Rolle. Denn für hunderttausend Menschen gibt es hier Wohnungen, und dreihunderttausend Angestellte arbeiten hier.

Lebendig geht es hier tagsüber an Arbeitstagen zu, wenn die Leute aus ihren Büros streben. Am Abend sollte man sich hier aus Sicherheitsgründen aber lieber nicht aufhalten.

Seit 1958 wurde die Fläche, kaum mehr als drei Kilometer vom Stadtzentrum entfernt, dicht bebaut mit Bürohochhäusern, Einkaufszentren, Messehallen und Wohnanlagen. Bis dahin war sie „wildes" Land mit wenigen Häusern, einigen Bauernhöfen und viel Sumpf.

Ihr Wahrzeichen ist heute „la Grande Arche" (der Große Bogen), eigentlich eher ein großer hohler Würfel. Er wurde in der Verlängerung der großen Historischen Achse Louvre - Tuilerien - Champs Elysées - Avenue de la Grande Armée gebaut, in einem leicht aus dieser geraden Linie fallenden Winkel.

Die Abweichung hat verkehrstechnische Gründe. Unter dem Gebäude der Grande Arche befinden sich die Metro, die Schnellbahn RER und die Autobahn. Sechs Betonsäulen, die hinter Glas sichtbar sind, tragen im Abstand von 110 Metern nicht das Gebäude selbst, sondern die Plattform, auf der es steht.

Die Kantenlängen des Würfels betragen ungefähr 110 Meter. Jede Außenwand bildet also ein senkrecht stehendes Quadrat und greift damit die Maße der „Cour Carrée", des Innenhofs des Louvre, auf, der am anderen Ende der historischen Achse ein (liegendes) Quadrat von 110 Metern Seitenlänge bildet.

Die Seiten der „Grande Arche" bestehen nicht aus einfachen Mauern, vielmehr sind sie schmale Gebäudescheiben mit Büros. Auf einer der zur hohlen Würfelmitte zeigenden Wände gibt es über die gesamte Höhe ein einziges riesiges Gemälde, das die Büroangestellten von den Gängen der einzelnen Stockwerke aus nur in Ausschnitten sehen können, da sie zu nah daran sind.

Die Fassaden der „Grande Arche" sind aus reinstem weißem Carraramarmor, insgesamt sollen hier zwei Hektar Marmor und zweieinhalb Hektar Glas verbaut worden sein. An einer der Innenseiten des Würfels kann man mit einem gläsernen Aufzug nach oben fahren, um den herrlichen Blick auf die Historische Achse zu genießen.

Das Viertel La Défense ist dicht bebaut mit hypermodernen Gebäuden, keines ähnelt dem anderen.

Um der Perspektive Rechnung zu tragen, sind in manchem der Hochhäuser die Fenster unterschiedlich dimensioniert in der Weise, daß der scheinbare Effekt des Immer-schmaler-Werdens für den untenstehenden Betrachter ausgeglichen wird.

Sehr interessant und nachahmenswert finde ich die Tatsache, daß jedes Unternehmen, das in diesem Viertel ein Büro baute, ein ebenso großes auch in einem der östlichen Stadtteile bauen mußte, um kein wirtschaftliches Übergewicht im Viertel „La Défense" zu schaffen.

Wenn man bei uns in Deutschland allen Unternehmen, die „auf der grünen Wiese" ein Geschäft eröffnen, die Auflage machte, auch in den Innenstädten zu investieren, wäre vielleicht das Problem der sterbenden Stadtzentren zumindest gemildert.

Auch über den Großen Würfel in „La Défense" hinaus setzt sich die historische Achse noch weiter in Richtung Westen fort, auf der sich neben vielen modernen Skulpturen, einem flachen, aus farbigen Mosaiksteinchen gestalteten Brunnenbecken, Rasen und Bäumen - welch eine Erholung für das Auge - auch ein altes Denkmal befindet.

Es stammt aus dem Jahr 1870, ist aus Bronze und längst mit einer Patina überzogen. Dargestellt sind eine Frau und ein ruhender Soldat mit einem Gewehr in der Hand. Die Frau trägt als Krone auf dem Kopf eine Verteidigungsfestung - „la Défense"!

An modernen Skulpturen ist dieses ganze Viertel so reich, daß ein Spaziergang hier einem Gang durch ein Freilichtmuseum gleichkommt. Selbst einige Lüftungsschächte der unterirdischen Anlagen sind, wo sie ans Tageslicht treten, künstlerisch gestaltet; sie sehen aus wie riesige Bündel farbiger Trinkhalme.

Während unserer Zeit in Paris wurde eine Kirche fertiggestellt - als solche auf den ersten Blick schwer zu erkennen -, deren Marmorwände scheinbar auf senkrecht stehenden Glasplatten ruhen, tatsächlich aber sind sie – des Gewichts wegen - an einem Rahmen aufgehängt. Es wird immer noch geplant und gebaut, und man darf gespannt sein, in welcher Weise sich dieses Stadtviertel weiterhin verändert.

Paris - modern

Als Touristen spüren wir in Paris meistens Kunst und Kultur früherer Zeiten nach: historischen Bauten und Plätzen, Kunstwerken alter Meister, Erinnerungen an historische Persönlichkeiten.

Aber auch das moderne Paris ist interessant. Wir gingen zur Metrostation „Pyramides". Hier fährt, an der Station „Madeleine" beginnend, die Metrolinie Vierzehn zur neuen Nationalbibliothek. Über diese „Ligne Quatorze" konnte man bei ihrer Eröffnung in allen Zeitungen lesen, denn sie ist eine moderne Geisterbahn, da sie rechnergesteuert fährt und ohne daß irgendwo ein amtlicher Mensch zu sehen wäre, weder Fahrer noch Schaffner noch Sicherheitskräfte. Die neu angelegten Bahnhöfe sind mit Sichtbeton ausgestattet, die Wände aus rostbraunen Kunststeinen, die Beleuchtung eingelassen in breite Metallschienen unter den Decken. Es wirkt alles freundlich, hell, sauber, ansprechend. Die Geleise sind an den Bahnhöfen zur Sicherheit durch Glaswände vom Bahnsteig getrennt; die modernen Züge mit sechs durchgehenden Wagen fahren fast geräuschlos auf Gummirädern. Wir stiegen ganz vorne ein, da, wo bei anderen Zügen die Kabine des Fahrers ist. Wir freuten uns wie kleine Kinder, ganz vorne zu stehen und in die schwach beleuchtete Fahrtröhre sehen zu können, verfolgen zu können, wie die Bahn ihre Kurven und Steigungen fährt, wie sie automatisch beschleunigt und gebremst wird und exakt so zum Stehen kommt, daß ihre Türen zentimetergenau vor die Bahnsteigtüren passen. Besonders spannend war es immer, wenn uns eine fahrerlose Bahn entgegenkam, was alle eineinhalb Minuten passierte, denn diese Metro fährt genau alle drei Minuten.

An der Endstation erwartete uns eine riesige Baustelle; hier wurde ein neuer Bahnhof für Paris gebaut. Wir überquerten die Brücke über die Baustelle Richtung Seine und kamen zuerst zu einem Wohnhaus, das mich stark an solche in Hongkong erinnerte. Es ist vollständig aus Glas gebaut, mit umlaufenden Stahlrohrgeländern, und nur die Malerei von Tieren und Pflanzen auf den gläsernen Wänden verhindern den völlig freien Durchblick in alle Zimmer.

In der Nähe dieses Hauses erreichten wir die neue Nationalbibliothek „François Mitterand", die im Dezember 1996 von Staatspräsident Jacques Chirac zu Ehren Mitterands eingeweiht wurde, der sie initiiert hatte.

Zunächst sind von ihr nur vier moderne Ecktürme mit viel Glas sichtbar, es sind die Ecktürme der Bibliothek. Sobald wir aber den Eingangsturm passiert hatten und in den inneren Bereich der Anlage gelangt waren, wurden wir überrascht von einem unerwarteten Anblick.

Wir hatten vor uns einen richtigen kleinen Wald, aus großen Kiefern und Birken, ungefähr 150 mal 80 Meter groß, und - wir befanden uns auf der Ebene der Baumwipfel! Der Waldboden war etwa sechs Stockwerke unter uns. Wirklich eine Überraschung, eine sehr angenehme Überraschung! Auf dieser gehobenen Ebene betraten wir dann auch die Bibliothek, die äußerst edel ausgestattet ist, mit holzgetäfelten Wänden, raffinierten Lampen aus nichtrostendem Edelstahl und roten Läufern. Alle Orientierungstafeln waren in fünf Sprachen verfaßt. Leider hatten wir ohne Leserausweis keinen Zugang in weitere Bereiche. Die Sammlung umfaßt alles Gedruckte, das seit 1945 erschienen ist, zurzeit allein circa zwölf Millionen Bücher. Von jedem Buch, das in Frankreich erscheint, muß ein Exemplar der Nationalbibliothek zur Verfügung gestellt werden.

Auf einer Seite des Gebäudes führt eine breite Treppe hinunter zur Seine. Die neue Bibliothek befindet sich selbstverständlich auf der linken Seineseite, der „rive gauche", denn diese gilt als das Zentrum der Wissenschaft, da sich hier auch die Universität befindet, wohingegen die „rive droite", die rechte Flußseite, das Herz von Handel und Wirtschaft ist.

Moderne architektonische Akzente im Pariser Stadtbild gehen häufig auf die Initiative französischer Staatspräsidenten zurück, die sich durch solche Monumente selbst ein Denkmal setzten: Das Centre Nationale d´ Art et de Culture mit seinen farbigen außenliegenden Rohren und Aufzügen in der Nähe der früheren Pariser Großmarkthallen geht auf Präsident Georges Pompidou zurück, weshalb es auch Centre Georges Pompidou genannt wird. Valéry Giscard d´ Estaing ließ einen Bahnhof zum Museum klassischer Moderne, dem Musée d´Orsay, umgestalten, wobei das Äußere des Bahnhofs allerdings weitestgehend erhalten blieb, und er gab die Cité des Sciences et de l´ Industrie, die Stadt der Wissenschaft und der Industrie, in Auftrag. Die Bibliothèque Nationale, der Triumphbogen in La Défense sowie die Glaspyramide im Innenhof des Louvre ließ François Mitterand errichten. Jacques Chirac war das ethnologische Museum am Quai Branly ein Anliegen

Man darf gespannt sein, wie sich Präsident Nicolas Sarcozy in Monumenten verewigen wird. Sein Anliegen ist jedenfalls „Grand Paris", er träumt von einer „Post-Kyoto-Metropole des 21. Jahrhunderts", einer Stadt, die alle Vororte geschluckt haben wird, dabei auf ökologische Nachhaltigkeit gesetzt wird - daher der Name, der sich auf das Kyoto-Protokoll bezieht, in dem sich die führenden Industrieländer 1997 im japanischen Kyoto verpflichteten, den Urbanismus und Modernismus mit ökologischen Anforderungen in Einklang zu bringen. Paris solle, so wünscht es Sarkozy „voll und ganz seinen Platz unter den Weltstädten aufnehmen, die Motor der Entwicklung sind." Dazu beauftragte er zehn Architekturbüros, Ideen zu entwickeln.

Da geh ich ins Maxim...

Dort bin ich sehr intim; ich duze alle Damen, ruf sie beim Kosenamen: Lolo, Dodo, Joujou, Clacio, Margot, Froufrou.

Ich glaube, jeder kennt diese Verse des Grafen Danilo Danilowitsch aus der Operette „Die lustige Witwe" von Franz Lehar, die 1905 geschrieben wurde.

Im Jahr 1893 von dem Kellner Maxim Gaillard gegründet, existiert das Restaurant Maxim´s noch heute auf der breiten Rue Royal, zwischen der Kirche Madeleine und der Place de la Concorde gelegen, wo sich lauter elegante und teure Läden aneinanderreihen. Seine braunrote Holzfassade gibt nicht viel von seinem Innenleben preis, aber zweifellos ist dieses hundert Jahre nach seiner ersten Glanzzeit wieder sehr lebhaft. Außerdem beherbergt es in den oberen Etagen ein Museum mit Objekten aus der Zeit des Jugendstils. Es hat nicht nur seinen etwas plüschigen Charme bis heute erhalten, nein, es hat einen typisch französischen Esprit hinzugewonnen, den man erleben muß. Durch das reichliche Jahrhundert seines Bestehens führt nämlich heutzutage Monsieur Pierre André Hélène, der mit soviel Temperament und Charme sowie Kenntnis der Geschichte und Geschichten das Haus und sein Museum präsentiert, daß man nicht müde wird, ihm zuzuhören.

Wie in Lehars Operette besungen, ging es im Maxim´s nicht nur fröhlich, sondern lange Zeit auch intim zu, dort *war* man nicht nur intim, d.h. bestens bekannt, sondern dort *wurde* man auch intim. Wohlsituierte Herren luden hübsche Mädchen zum Tanz und mehr ein, denn in den oberen Etagen gab es genügend „cabinets particuliers", die in die deutsche Sprache als „chambres séparées" eingingen. Der Gründer des Maxim´s befand, das Haus müsse immer gut besucht sein. Nichts sei so unattraktiv wie ein leeres Restaurant. So heuerte er gleich nach der Eröffnung junge Frauen an, sogenannte „figurantes", die sich etwas verdienen wollten, indem sie im Lokal saßen, vor allem von außen sichtbar an den Fenstern, und einen Drink zu sich nahmen. Wenn sich dann das Lokal mit wirklichen Gästen füllte, hatten sie zu gehen.

Sein Konzept bewährte sich; allerdings erst in den Händen späterer unterschiedlicher Eigentümer. Während der deutschen Besetzung Frankreichs wurde es zum Lieblingsrestaurant deutscher Offiziere. Der Ruf des Etablissements hatte sich längst verbreitet. Hoch-Zeiten in seiner "Karriere" waren geprägt durch abendliche „diners dansants", bei denen Sänger wie Edith Piaf und Maurice Chevalier für Stimmung sorgten. Kurtisanen machten einflußreichen Herren das Leben angenehm. Die berühmteste unter ihnen und die am meisten bewunderte war die feurige Spanierin Otero, die einflußreiche Männer in ihren Bann schlug. Wenn der letzte Deutsche Kaiser, Wilhelm II., nach Paris kam, schickte er sofort seine Karte zu „der" Otero, auf die er nur zwei Wörter schrieb: „Wann? Wo?" Die Antwort erhielt er umgehend: „Sofort. Bei mir."

Die Otero fand, es gebe nur eine Möglichkeit, angenehm durchs Leben zu gehen: "Man muß sein Geld im Schlaf verdienen. Aber bloß nicht alleine"; das war ihr Leitsatz. Die reichen Herren, die übrigens damals keine Steuern zahlen mußten, luden natürlich die Damen ein; dabei überreichten sie ihnen, in einer Serviette verhüllt, ein kleines Kästchen mit einer Summe Geldes, die in ihrer Höhe ihren Erwartungen an die Dame Ausdruck verlieh.

Eine Hochphase erlebte das Haus mit dem Besuch weiterer Prominenz und vieler Stars. Königin Margarete von Dänemark sowie Marie Gabrielle de Savoie, Tochter des letzten italienischen Königs Umberto II., besuchten das Maxim´s ebenso wie Caroline von Monaco, der Maler Dalí, die Sängerin Maria Callas, Jacky Kennedy mit Onassis, der Playboy Gunter Sachs mit Brigitte Bardot, Sofia Loren und Carlo Ponti, und nicht zuletzt auch Berühmtheiten wie der erste Astronaut Yuri Gagarin, Marlene Dietrich und Zsa Zsa Gabor, Margot

Hemingway, Yul Brynner und Françoise Sagan, und wie sie alle heißen mögen.

Als in den 1970erJahren die Zeit des Maxim´s allmählich vorbeizusein schien, verhinderte der Modeschöpfer Pierre Cardin, daß es von ausländischen Investoren gekauft wurde, indem er es 1981 selbst übernahm und sehr passend zum Stil des Hauses seine Sammlung mit Werken des Jugendstils hier unterbrachte. Diese Sammlung mit Monsieur Hélène zu besichtigen ist ein reines Vergnügen. Natürlich kennt man Architektur und Design aus der Zeit des Jugendstils; Monsieur Hélène aber versteht es, jedes Teil lebendig werden zu lassen; Originalzeichnungen von Toulouse Lautrec, Toilettenartikel der Schauspielerin Sarah Bernhardt, das Kopfteil eines Bettes mit Einlegearbeiten, dessen Motiv Mohn ist, Schlafmohn, passend zum Bett und passend zum damals gerade stattfindenden Opiumkrieg. Er macht nicht nur aufmerksam auf die vielen Pflanzen und Insekten, die sich auf Bildern, Vasen, Lampen und als Intarsienarbeiten in vielen Möbeln wiederfinden, sondern mit sichtlichem Vergnügen auch auf die schlanken Frauenbeine, die Kommoden und Tischchen stützen. Am meisten aber blitzen seine Augen, wenn er einer der Vitrinen einen Krug entnimmt, dessen Griff eine nackte Frau darstellt. Wie herrlich ist es, beim Trinken den Körper einer schönen Frau zu umfassen! So setzt er gerne dezent die Sammlung in Verbindung mit dem leicht verruchten Ruf des Hauses. Wenn man dann – wie wir, weil wir auf ihn hatten warten müssen, das Privileg hat, gerade ein Glas Champagner zu leeren, so will man ihm gerne folgen und tief in das Ambiente des Hauses eintauchen. Und wenn man ein Freund von Karikaturen ist, wird man überall im Haus fündig und kann seine Freude daran haben.

Man kann hier aber auch dienstagsnachmittags beim Tanztee die alte Zeit wieder auferstehen lassen und anschließend im Haus gut essen. Oder man geht einfach in den kleinen Laden nebenan und kauft sich dort zu durchaus akzeptablen Preisen eine halbe Flasche Champagner, Konfitüre oder Badeöl mit Maxim´s Etiketten und trägt so ein bißchen Leichtlebigkeit zu sich nach Hause.

Ein Geheimtip – das Musée Jacquemart/André

Nein, schön war Nélie nicht. Ihr Portrait erinnerte eher an eine englische Gouvernante. Jung war sie mit vierzig Jahren auch nicht gerade; auch adelig war sie nicht, im Gegenteil, sie stammte aus einer sehr einfachen Familie. Aber sie konnte gut malen, und sie hatte das Glück, Edouard porträtieren zu dürfen, einen der reichsten und damit natürlich begehrtesten Junggesellen von Paris. Dabei muß sie so klug, verständig und ausführlich über Kunst geplaudert haben, daß er sie sieben Jahre später heiratete.

Damit wurde sie Herrin in einem Hause, das damals, um 1870, zu den meistbestaunten und -bewunderten „Hôtels", den privaten Stadtpalästen in Paris, gehörte. Es steht am Boulevard Haussmann, damals noch am Rande der Stadt. Von der Straßenseite her gesehen ist es eher unscheinbar, aber wer das Grundstück durch das Tor erst einmal betreten hat, der staunt über die elegante, großzügige Auffahrt zum Hauseingang, wo die Kutschen von der einen Seite vor- und an der anderen Seite wieder wegfahren konnten.

Alle Räume, im Erdgeschoß wie im ersten Stock, sind reich ausgestattet mit Bildern und Skulpturen, mit Deckengemälden und Fresken, die das Ehepaar Nélie Jacquemart/ Edouard André im Laufe seiner Ehe auf vielen Reisen gesammelt hatte. Die niederländische Malerei ist vertreten mit berühmten Werken von van Dyck, Frans Hals und Rembrandt, die französische Schule des 18. Jahrhunderts zeigt unter anderen das Portrait eines alten Mannes von Fragonard und schöne Plastiken. Viele interessante Werke stammen aus Italien. Unser Ehepaar hat zum Teil Werke von sehr berühmten Künstlern gekauft ohne zu wissen, daß es sich um Werke von so bekannten Malern wie z. B. Boticelli, Donatello oder Caravaggio handelte.

Offenbar waren Edouard André und seine Frau nicht nur Kunstkenner, sondern sie waren auch sehr aufgeschlossen für moderne Technik, denn die Wände zwischen den drei hübschen Empfangssalons sind verschiebbar oder sogar versenkbar, damit bei den großen gesellschaftlichen Ereignissen, zu denen sich Gräfinnen, Baroninnen und andere adelige Damen mit ihren jeweiligen Begleitern drängten, genügend Platz für tausend Gäste war.

Besonders eindrucksvoll, damals wie heute, ist das kleine marmorne Treppenhaus. Die Treppe teilt sich nach einigen Stufen in elegantem Schwung, und ein großes Gemälde über dem Treppenabsatz findet sich im gegenüberliegenden Spiegel wieder. Sehr gemütlich ist das Kaminzimmer, in das sich die Herren nach dem Essen zum Rauchen zurückzogen, während die Damen in anderen Räumen ihre eigenen Gespräche führten. Neben dem Musiksalon, in dem das kunstbegeisterte Ehepaar mit seinen Gästen von einer Galerie aus den Konzerten lauschen konnte, befindet sich das Speisezimmer, in dem man auch heute noch eine Kleinigkeit essen kann, hier ist heutzutage ein Café eingerichtet.

Bemerkenswert ist auch - im ehemaligen Badezimmer - eine Uhr, die ich zunächst kaum als solche erkannte. Sie ist rechteckig im Querformat, der einzige Zeiger läuft waagerecht von links nach rechts. Nach zwölf Stunden am rechten Rand angekommen, springt er zurück und fängt seinen Weg wieder von neuem an.

Das ganze Haus, heute Museum, ist eine Fundgrube für Leute, die sich für Kunst und Wohnkultur begeistern. Die Führung mit Hilfe eines „Audioguide", eines kleinen Tonbandgerätes, das in vier verschiedenen Sprachen gemietet

werden kann, lohnt sich, denn die Informationen sind
reichhaltig und können je nach eigener Interessenlage abgerufen
werden durch die Wahl verschiedener Nummern. So kann man
sich zum Beispiel im ersten Salon entweder über die
ausgestellten Skulpturen näher informieren lassen, über die
Gäste des ersten großen Eröffnungsempfangs oder über die
Architektur dieses Raumes. Das Haus ist ein Geheimtip. Nur
wenige Touristen entdecken es.

Ludwig XIV. in Versailles

Ein Besuch von Versailles muß sein; er gehört zu einem
Parisbesuch dazu, denn er ist ein Traum und könnte glatt ein
Geheimtip sein, wenn nicht Millionen von Leuten diesen Traum
träumten und offenbar alle an eben demselben Sommertag
verwirklichen wollten, an dem auch ich zum ersten Mal dort
war. So wurde es vom touristischen Aspekt her eher zum
Alptraum. Auch mitten in der Woche wurden die Gruppen nur
so durchgeschoben, selbst während der Erklärungen unseres
Schloßführers innerhalb eines Raumes mußten wir entlang der
Seilabsperrung Schritt für Schritt weitergehen, eingezwängt
zwischen eine amerikanische und eine japanische Gruppe. Wer
sich nicht einer Führung angeschlossen hatte, konnte sich
ohnehin nur aus dem Hintergrund über etwa fünf Kopfreihen
der Gruppen hinweg einen Eindruck verschaffen. Da hielt man
sich am besten hinter einer japanischen Gruppe auf; die Leute
sind wenigstens klein.

Am besten besucht man Versailles im Winter, in der Woche
oder samstags in der Mittagszeit. Zu diesen Zeiten sind deutlich
weniger Besucher da; zu diesen Zeiten konnten wir geruhsam
mit einer Tonbandführung durch das Schloß schlendern.

Ludwig XIII. hatte in Versailles ein kleines Jagdschloß
gehabt, das damals vier Reisestunden von Paris entfernt lag. Sein

Sohn Ludwig XIV., dem das Leben in Paris nicht behagte, ließ das Jagdschloß seines Vaters ab 1631 ausbauen zu dem Prunkbau, den wir heute noch sehen. Dieser wurde weniger als hundert Jahre bewohnt, viele Jahre von dem Sonnenkönig selbst, danach von Ludwig XV. und dessen Enkel Ludwig XVI. Dieser letzte mußte 1789 mit seiner Frau Marie Antoinette unter dem Druck des unzufriedenen, hungernden Volkes das Schloß verlassen und nach Paris zurückkehren. Er hat bekanntlich Versailles nie wiedergesehen.

Louis Philipp von Orleans ließ später das Schloß als Museum einrichten. Damit wurde es nicht nur vor dem Verfall bewahrt, hier fanden noch ganz wesentliche historische Ereignisse statt, zum Beispiel 1871 die Gründung des Deutschen Reiches, und 1918 wurde hier im eindrucksvollen Spiegelsaal der Versailler Vertrag unterzeichnet, der den ersten Weltkrieg beendete.

Über Ludwig XIV. gibt es auf der Kassette, die man für eine Führung durch das Schloß mieten kann, oder in einem Buch mit dem Titel „Zanderfilets" von Hans Conrad Zander zu dem Menschen Ludwig einige interessante Geschichten.

Der „Sonnenkönig" war offenbar eine starke Persönlichkeit und in jungen Jahren ein lebensfroher Mensch. Er spielte gern und gut Billard. Besiegt wurde er bei diesem Spiel ohnehin nie, denn wer hätte es schon gewagt, den König zu besiegen! Er jagte sehr gern, und er liebte Musik und Tanz. Bei allen Essen wurde Tafelmusik gespielt, der König musizierte auch selbst, er spielte besonders gern Gitarre, und er sang oft. Wer stellt sich schon vor, daß der barocke König mit seiner Lockenperücke, die er übrigens täglich wechselte - im Gegensatz zu seinem Hemd -, trällernd durch sein Schloß spazierte? Ich weiß nicht, ob es wirklich so war, denn die Etikette machte den Königen so genaue Vorschriften, daß sie mir eigentlich weniger wie Herrscher als eher wie Marionetten ihres selbst entworfenen Hofzeremoniells vorkommen. Immerhin war Ludwig XIV. aber auch interessiert an allen Wissenschaften, und er sammelte

Kunstwerke, gab selbst vielerlei Bilder und Skulpturen in Auftrag und verhandelte persönlich mit den Künstlern, von denen er allgemein eine hohe Meinung hatte.

Der König wurde täglich um acht Uhr geweckt. Drei Personen hatten das Privileg, den privaten Teil seines Schlafzimmers zu betreten, unter anderen seine Amme. Er wurde dann trockengerieben - er soll stark geschwitzt haben - und zog „nicht selten" ein frisches Hemd an. Vor seinem Schlafzimmer warteten dann schon viele Leute darauf, vorgelassen zu werden. Im Prinzip gab es hierfür nur eine Bedingung: der Bittsteller mußte angemessen gekleidet sein. Aber welcher einfache Mensch besaß damals schon Kleidung, die dem Hof angemessen war? Dafür gab es vor dem Schloß Buden, in denen man passende Kleidung kaufen oder mieten konnte - zu Wucherpreisen.

Um zehn Uhr begab sich der König zur Messe, er war sehr fromm. Bei dieser und ähnlichen Gelegenheiten war es für die Höflinge wichtig, gesehen zu werden, denn wer längere Zeit dem König nicht auffiel, galt als abwesend und damit unkontrollierbar und wurde vom Hof verbannt.

Daß der König im Laufe seines für damalige Verhältnisse sehr langen Lebens - er wurde siebenundsiebzig Jahre alt - immer verbitterter wurde, wundert nicht. Am Hof lebten ständig drei- bis fünftausend Menschen. Sie waren mit Sicherheit alle nur Liebediener und Jasager, denn nichts anderes stand ihnen zu. Aber sie waren eben auch immer zugegen, vom Aufstehen bis zum Zubettgehen, und das war in der Regel sehr spät. Außer den ständigen Bewohnern hielten sich tagsüber noch bis zu fünfzehntausend Menschen im Schloß auf, und zu manchen Zeiten arbeiteten dort zudem bis zu achtzehntausend Handwerker gleichzeitig.

Köstlich ist der Bericht über die starke Natur des Königs und seine Höflinge in dem Buch „Zanderfilets", in dem so lebendig, aber auch ein wenig schockierend beschrieben wird, wie die

Höflinge den Operationen des Königs beiwohnten und sich schließlich an derselben Stelle, nämlich am Gesäß, am vermeintlichen Geschwür operieren ließen wie der König, um ihm seine Ergebenheit zu demonstrieren. Der Herrscher muß eine eiserne Gesundheit gehabt haben, denn er überstand nicht nur die Gesäßoperation ohne Narkose - im Gegensatz zu einigen seiner Untertanen, die seinen Ärzten vor ihm zum Üben zur Verfügung stehen mußten -, sondern auch das Herausreißen sämtlicher Zähne einschließlich eines Stücks des Gaumens und die tägliche Gabe von Abführtabletten aus Schlangenpulver, Pferdemist und Weihrauch. Der „Sonnenkönig" hat offenbar alle Familienmitglieder auch der nächsten und übernächsten Generation überlebt, denn sein Nachfolger Ludwig XV. war nicht etwa sein Sohn oder wenigstens sein Enkel, sondern sein Urenkel.

Der Park von Versailles

Er lag seinem Schöpfer sehr am Herzen, stand immer wieder im Mittelpunkt seiner Gedanken und Pläne. Ludwig XIV., der mächtigste Mann seiner Zeit, genoß den von seinem Gartenarchitekten Le Nôtre konzipierten barocken Park seines Schlosses nicht nur zur eigenen Erbauung und Entspannung, sondern nutzte ihn vor allem auch zur Demonstration seiner Macht und höfischen Pracht.

Es ist schier unvorstellbar, welche Erdbewegungen hier stattfanden, um das riesige sumpfige Gelände für den hundert Hektar großen Park in die richtige Oberflächenstruktur zu bringen und dann derart zu gestalten, daß sich aus jedem Sichtwinkel der große, beeindruckende Weitblick abwechselt mit dem Blick in Nischen voller staunenswerter Überraschungen.

Der König ließ dreißig Kilometer Kanäle anlegen mit vierunddreißig Becken sowie fünfzig Springbrunnen mit siebenhundert Wasserdüsen.

Er schrieb selber den Plan dafür, wie sein Park betrachtet und erlebt werden sollte in der Schrift „Manière de montrer les Jardins de Versailles" (Wie die Gärten von Versailles gezeigt werden sollen). Er machte genaue Angaben darüber, ob der Spaziergang rechts, links oder geradeaus weitergehen solle und wo man sich umdrehen müsse, um den Gesamteindruck genießen zu können.

Wenn er in großer Gesellschaft durch den Park wandelte, wurden zwölftausend Kubikmeter Wasser für den Betrieb der Springbrunnen gebraucht, obwohl jeder Brunnen sofort abgeschaltet wurde, sobald sich die Gesellschaft von seinem Anblick gelöst hatte; denn Wasser war kostbar, ein Drittel der gebrauchten Wassermenge ging durch Undichtigkeiten im weitverzweigten Leitungssystem und durch Wind verloren.

Ludwig hatte den Bau eines aufwendigen Zuleitungssystems angeordnet, mit dem Wasser aus dem Flüßchen Eure über viele Kilometer nach Versailles transportiert werden sollte.

Ein zu diesem System gehörendes dreigeschossiges Aquädukt ist heute noch im Park des Schlosses der Madame de Maintenon zu sehen, zweiundvierzig Kilometer Luftlinie von Versailles entfernt. Die Anlage wurde aber nie vollendet, da Ludwig wegen seiner Kriegszüge zur Eroberung neuer Besitzungen das Geld ausging.

Stattdessen ließ der König später eine gewaltige Anlage verwirklichen, die damals als „achtes Weltwunder" betrachtet wurde; ein hydraulisches Hebewerk an der Seine, das das Flußwasser in vierzehn Rädern von zwölf Metern Durchmesser um 162 Meter anhob und in ein Aquädukt leitete. Diese Wasserleitung ist heute noch in Marly-le-Roi zu sehen; „die Maschine" allerdings nur noch in einem Modell im Museum von Marly.

Jetzt mußte das Wasser nur noch circa zehn Kilometer transportiert werden, bevor es in zwei von einer hohen Schutzmauer umgebene Vorratsbecken am höchsten Punkt von Versailles floß. Von da aus versorgte es über Rohrleitungen direkt die Brunnen des Schloßparks.

Mit Pferdekraft mußte es dann in die Reservoire zurückgepumpt werden; deshalb ging man sparsam mit dem Wasser um, denn die Pumpleistung war bei dieser Methode sehr beschränkt.

Heute arbeiten die Pumpen elektrisch. Dennoch laufen die Springbrunnen nicht immer, wenn Schloß und Park besichtigt werden können, sondern nur zweimal in der Woche und nur im Sommer. Samstags und sonntags gibt es dann die „Grandes Eaux Musicales", die Vorführung der großen und kleinen Fontänen und Springbrunnen zu Musik der großen Komponisten Händel, Bach und Haydn sowie des Hofkomponisten Lully.

Hans und ich haben uns dieses wunderbare Schauspiel mehrmals angesehen. Die Brunnenöffner geben den Besuchern anderthalb Stunden Zeit, um von der Terrasse des Schlosses den Überblick über den Park zu genießen und einen Rundgang nach Plan zu seinen verschiedenen Teilen und Wäldchen mit ihren Brunnen und figurengeschmückten Wasserbecken zu machen; dann wird das Wasser wieder abgedreht.

Zu Beginn des Spektakels versammelten sich Tausende von Besuchern auf der breiten Treppe vor der Schloßterrasse und ließen sich gefangennehmen von dem großartigen Blick in den symmetrisch zu beiden Seiten der Hauptachse angelegten Park.

Im Vordergrund liegt das große, runde Latonabecken, wo steinerne Nymphen und Frösche Wasser speien, rechts und links unterhalb davon die beiden Bassins der Eidechsen, eingebettet in violett- und blaublühende Blumenrabatten.

Man erfaßt mit einem Blick Rampen, Statuen, die königliche Allee, den Brunnen des Apollo - des griechischen Gottes, der die verkörperte Vollkommenheit darstellt und in dem der „Sonnenkönig" sich selbst sah - sowie den großen Kanal im Hintergrund.

Nach Anweisung des Königs soll man sich, nachdem man sich von diesem großartigen Anblick hat beeindrucken lassen, umdrehen und den Eindruck der „parterres" genießen, d. h. den der Blumenbeete und des Schlosses.

Das Ganze war in der Tat ein so zauberhafter und geradezu überwältigender Anblick, daß wir uns kaum losreißen konnten, um den Spaziergang zu den anderen Wasserspielen fortzusetzen.

Indes eröffneten sich uns zwischen den verschiedenen Hainen immer wieder überraschende, entzückende Blicke auf große und kleine Springbrunnen, auf Statuen von Wesen aus der antiken Mythologie, auf wohlgeformte Amphoren und hübsche Lauben.

Früher gab es in Anlehnung an die Fabeln des Äsop, die der französische Dichter La Fontaine in Verse gesetzt hat, im Schloßpark noch ein Labyrinth mit Tierfiguren, die den Kindern des Königs zu Lehre und Unterhaltung dienen sollten. Man will es nun nach den Originalvorgaben des Königs wiederherstellen.

Um alles in der klar gegliederten Parkanlage zu entdecken, werden an ihrem Eingang Pläne verteilt, denn man übersieht sonst leicht die Seitenpfade, die zu versteckten Überraschungen führen, so zum Beispiel zu einer schwer auffindbaren Grotte, in der zwischen Nymphen und Wasserfällen wiederum Apoll im Mittelpunkt steht.

Wenn uns auch heutzutage die großartige technische Leistung für die Versorgung der Brunnen schon fast selbstverständlich erscheint, so ist der Spaziergang durch den Park von Versailles während der Großen Wasserspiele immer noch genauso beeindruckend wie vor über dreihundert Jahren.

Der Gemüsegarten des Königs

Ludwig XIV. war Gourmet und Gourmand, Feinschmecker und Vielesser, und so legte er auf ein ausgeklügeltes Menü großen Wert. Dazu gehörten neben riesigen Portionen Fleisch auch Gemüse und Früchte zu einer Jahreszeit, in der diese in unseren Breiten normalerweise nicht reifen. Deshalb ließ der König sich einen eigenen Gemüsegarten anlegen, den „Potager du Roi", der heute noch in unmittelbarer Nähe zu seinem Schloß existiert und liebevoll restauriert wurde.

Wir betraten ihn durch das schmiedeeiserne Tor mit den vergoldeten Initialen des Königs und der bekannten Lilie der Bourbonen, die in Wirklichkeit eine Iris ist.

Hohe Außen- und Innenmauern, die das Areal in Rechtecke unterteilen, halten die Sonnenwärme und dienen dem Windschutz. Zwischen ihnen findet man heute noch ein Drittel der damals vorhandenen Gartenfläche vor.

Das Gebiet, das ursprünglich sumpfiges Brachland war, wurde mit großem Aufwand in jahrelanger Arbeit und mit Hilfe von Hunderten von Arbeitern und eigens hierfür angeschafften eintausendzweihundert Schubkarren trockengelegt. Es ist symmetrisch um einen Brunnen herum angelegt und durch ein ausgefeiltes System von Mauern und Terrassen in Beete mit unterschiedlichem Mikroklima unterteilt.

Gegen die Einschränkungen der Jahreszeiten wußte der Gärtner des Königs, Jean-Baptiste la Quintinie, weitgehend Abhilfe. Den vom König äußerst geschätzten Spargel konnte er schon ab Januar ernten, indem er dem Spargel frühzeitig die nötige Wärme zum Wachsen zuführte. Das geschah folgendermaßen:

Die Spargelpflanzen wurden wie heute auch in Reihen gepflanzt, und zu beiden Seiten wurden sechzig Zentimeter tiefe und zwanzig Zentimeter breite Gräben ausgehoben. Diese wurden mit Pferdemist gefüllt, der alle zehn Tage erneuert wurde. Auch auf die Pflanzen wurde Pferdemist gehäuft, darüber eine gläserne Glocke gestülpt. So entstand in der Erde eine Temperatur bis zu siebzig Grad, ideal, um dem Spargel schon im Januar zum Stechen reife Stangen abzuringen.

Ab Ende Juni, wenn am Johannistag die Spargelernte beendet wurde, erhielt der König aus seinem Garten frische Feigen, die Früchte, die er besonders liebte. Dafür gab es ein Gebäude - heute noch vorhanden mit zwei zusätzlich aufgesetzten Stockwerken -, in dem siebenhundert Feigenbäume gezogen und im Winter frostgeschützt aufgehoben wurden.

Sobald es das Wetter zuließ, wurden alle zwei Wochen je zwanzig Bäume über Tag ins Freie getragen, denn der König wollte nicht alle Feigen auf einmal geerntet haben, sondern ein halbes Jahr lang diese exotischen Früchte auf seiner Tafel vorfinden, bis dann im Januar wieder der frische Spargel kam...

Neben vielen Gemüsesorten, von denen damals etliche noch nicht allgemein verfügbar waren, legte der König auch Wert auf - fast - jederzeit frische Erdbeeren. Am meisten lagen ihm aber Äpfel und Birnen am Herzen. Viele dieser Bäume wuchsen und wachsen als Spalierobst mit in fünf „Etagen" gezogenen Zweigen. Die Bäume werden etwa vierzig bis siebzig Jahre alt.

Zwischen ihnen hängen - heute wie damals - tausendfünfhundert strohgefüllte Töpfchen, die Schädlingsvertilgern wie z.B. Ohrenkneifern als Unterschlupf und Nistkästen dienen.

Die Reihen der Spalierbäume sind genau nordsüdlich ausgerichtet, ihr Abstand ist genau so bemessen, daß bei der vorgesehenen Wuchshöhe alle Bäume in idealer Weise den Sonnenstrahlen ausgesetzt sind.

Einige Bäume sind geschnitten wie Becher, „taillé en gobelet", wie runde Körbe, mit einer völlig freien Mitte, alles für den besseren Einfall der Sonnenstrahlen. Insgesamt wurden hier damals zweihundert Sorten Äpfel und Birnen gezüchtet.

Da über lange Zeit der Garten verwildert war und viele der Bäume verschwunden, hat man über viele Jahrzehnte in liebevoller Detailarbeit viele von den alten Sorten wiederherstellen, ja sogar zurückzüchten können. Viele dieser alten Sorten kann man heute wieder am „Tag des Probierens" in einer Ausstellung bewundern und kaufen, ebenfalls einen köstlichen Saft, der an Ort und Stelle aus dem geernteten Obst gepreßt wurde.

Im „Jardin des Formes Anciennes" (Garten der Alten Formen) sahen wir an einer nach Süden angelegten Kalkmauer Kiwi-, Kaki- und Granatapfelbaumpflanzen wachsen, die reichlich Früchte trugen.

Auch die wichtige Rolle der Bienen für einen optimalen Obstertrag war selbstverständlich längst bekannt, man züchtete sie selbst. In einer Abteilung des Gartens schwirren sie auch heute noch um ihre Stöcke.

Der „Direktor aller Königlichen Gemüse- und Obstgärten", Monsieur la Quintinie, bekam in Anerkennung seiner Verdienste vom König unmittelbar am Rande des Gartens ein stattliches Haus gebaut, das heute dem Leiter der französischen Schule für Landschaftsgestaltung vorbehalten ist. Außerdem wurde Herr Quintinie geadelt und durfte sich nun „de la Quintinie" nennen.

Produkte aus den königlichen Gemüsegärten wählen heute noch Hausfrauen wie Restaurantbesitzer mit Kennermiene auf dem Markt von Versailles aus. Versailler Restaurants werben mit ihren Menüs „aus königlicher Produktion".

Die Geschichte einer Karriere

Mich interessierte die zweite Ehefrau Ludwigs XIV., die, obwohl er über dreißig Jahre mit ihr verheiratet war, in keiner Genealogie des französischen Königshauses auftaucht, da es sich um eine morganatische Ehe, eine Ehe „zur Linken" handelte, eine Ehe mit einer Frau aus niedrigerem Stand, die außerdem kinderlos war. Königliche Nachfolger gab es aus der ersten Ehe Ludwigs mit der spanischen Infantin Maria Theresia.

Seine Ehefrau „zur Linken" machte eine großartige Karriere, von der Tochter eines Gauners, der in der französischen Provinz Guayana in Südamerika im Gefängnis saß, wo sie als Françoise d´ Aubigné geboren worden sein soll (nach anderen Angaben in Bordeaux), über den Titel einer Marquise bis zur heimlichen Königin von Frankreich.

Bald nachdem sie als junges Mädchen nach Paris kam, heiratete sie den Schriftsteller Paul Scarron. Dieser soll der Liebling der Gesellschaft gewesen sein, dem sogar Molière einige Anregungen verdankte. Dennoch möchte ich diese Heirat noch nicht als Karriere bezeichnen, denn Scarron war nicht nur fünfundzwanzig Jahre älter als Françoise, er war auch vollständig gelähmt. Warum heiratete damals eine Siebzehnjährige, die bildschön gewesen sein muß -, die vielen Portraits in ihrem Schloß bestätigen dies -, einen viel älteren kranken Mann? Denn die junge Frau war von noblen Kavalieren umschwärmt. Aber wer von ihnen hätte sie, die Tochter eines Schwindlers aus der Provinz, der im Gefängnis gesessen hatte, geheiratet? Für eine Nacht wäre sie vielleicht gut gewesen, aber für eine Heirat kam sie nicht in Betracht, außer eben für einen schwerkranken Dichter, der die feine Pariser Gesellschaft zwar mit seinen Burlesken trefflich unterhielt, aber nicht zu ihr gehörte.

Nach acht Jahren wurde Françoise Witwe. Das Leben mit dem Gelähmten hatte ihr den Ruf eingebracht, einerseits sehr lebenserfahren, andererseits aber sehr fromm zu sein. So schien sie die bestgeeignete Erzieherin für die zahlreichen unehelichen Kinder des damals herrschenden Königs Ludwig XIV. und seiner Maitresse, Marquise de Montespan. Über die Erziehung der jedenfalls zunächst „heimlich" existierenden Kinder (sie wurden bald vom König offiziell anerkannt) mit seiner

Geliebten muß Françoise mit Ludwig so unheimlich harmonisch geplaudert haben, daß er Françoise d´ Aubigné, verwitwete Madame Scarron, den Kauf eines Schlosses in dem Ort Maintenon ermöglichte und sie öffentlich mit „Madame de Maintenon" ansprach. Allmählich konnte Ludwig auf ihren Rat nicht mehr verzichten, nicht in Angelegenheiten des Staates und auch nicht in höchst persönlichen Angelegenheiten. Und so ließ er sich bald nach dem Tod seiner ersten Frau heimlich mit Françoise trauen, in der Hofkapelle von Versailles, und machte sie damit zur heimlichen Königin, mit der er über drei Jahrzehnte verheiratet war - heimlich.

Ihr kleines Schloß in Maintenon gefiel mir ganz besonders gut. Es liegt mitten im gleichnamigen Dorf an einem dreieckigen Platz mit alten Häusern, wird umflossen von dem Flüßchen Eure und hat einen festungsartigen Charakter. Die Privatzimmer der Marquise wirken sehr anheimelnd im Vergleich zu vielen Räumen in anderen Schlössern, selbst die Prunkräume wie das „Hauptzimmer", die Galerie und die Bibliothek sind relativ bescheiden, aber geschmackvoll eingerichtet.

Im Hintergrund des Parks, von dem ein großer Teil heutzutage als Golfplatz genutzt wird, sieht man die Ruine eines dreistöckigen Aquädukts. Es war von Ludwig XIV. begonnen, worden, um die vielen Wasserspiele in Versailles zu versorgen, aber es wurde nie beendet.

Die Gegend um Maintenon, besonders in Richtung Rambouillet, ist wunderschön, mit Wäldern, kleinen Dörfern und großen Gutshöfen. Von diesen gehörten auch einige der Marquise. Und da sie sich für arme adelige Mädchen einsetzte, wird sie in der Kapelle des Schlosses auf einem Grabdenkmal geradezu überschwenglich gelobt als eine Frau, die nie Gebrauch von ihrer Macht machte, sondern nur von ihrer Güte.

Königliches Porzellan

Sèvres ist ein Vorort von Paris und liegt auf dem Weg nach Versailles. Er ist bekannt durch seine Porzellanmanufaktur. Der Begriff Manufaktur ist auch heute noch wörtlich zu nehmen, vom ersten bis zum letzten Arbeitsgang wird das feine Sèvres-Porzellan von Hand hergestellt und bearbeitet.

Ich wurde neugierig darauf, dieses Porzellan besser kennenzulernen, als ich in Versailles war. Unter Ludwig XVI. wurden der Manufaktur jedes Jahr in der Weihnachtszeit drei Räume im Schloß von Versailles zur Verfügung gestellt, damit die Menschen am Hof das Porzellan bewundern und kaufen konnten. Diese Großzügigkeit entsprang aber durchaus nicht der reinen Nächstenliebe: die Manufaktur gehörte dem Königshaus und war eine gute Einnahmequelle. Am Abend gingen die Herrschaften zu ihrer Zerstreuung oder zum Kaufen in die Ausstellungsräume, wie sie zu anderen Zeiten am Abend ins Theater gingen.

Leider ist es für einzelne Besucher nicht möglich, die Porzellanmanufaktur zu besichtigen. Stattdessen wurde ich an das Keramikmuseum verwiesen. Dieses ist übervoll mit herrlichen Keramiken und Porzellan aus den bedeutendsten Manufakturen der Welt. Es gibt bedauerlicherweise nur wenige Informationen dazu und keinerlei Einblick in die Herstellung des Porzellans. Dafür gibt es einen großen Verkaufsraum für die Erzeugnisse der Manufaktur, aber nur sehr wenige Teile sind ausgestellt und werden zum Verkauf angeboten. Ich sah weder Kaufinteressenten noch Verkaufspersonal. Stattdessen fand ich einen Hinweis auf ein eigenes Geschäft an einem der zentral gelegenen Plätze in Paris zum Verkauf von Sèvres-Porzellan.

Dies ist ein kleiner Laden, der aus Sicherheitsgründen nur auf Klopfen geöffnet wird, mit einem genauso kleinen, aber feinen Angebot wie in Sèvres selbst. Man braucht viel Zeit in diesem Geschäft, denn die Verkäuferin freut sich über jeden einzelnen

Kunden und zeigt es, indem sie manches Interessante über das berühmte Porzellan erzählt.

Sèvres sah immer neidvoll nach Meissen, das schon dreißig Jahre früher das europäische Hartporzellan entdeckt hatte. Die Verkäuferin war die erste Französin, der ich begegnete, die Meissener Porzellan überhaupt kannte. In Frankreich interessiert man sich mehr für die eigenen Erzeugnisse. Zwei ältere Damen im Geschäft hatten besondere Freude an den zarten Figuren aus weißem Biskuitporzellan, die Szenen aus dem Alltagsleben oder kleine Porzellanprinzessinnen auf so fein gearbeiteten Porzellankissen zeigten, daß der Betrachter fast den Stoff und die Spitzen zu fühlen meinte. Witzig waren die sogenannten „tasses trembleuses“, die „zitternden Tassen“. Sie stehen in Untertassen, deren Rand dicht an der Tasse weit oben angesetzt ist. Der Sinn dieser Machart bestand darin zu verhindern, daß die Diener auf ihren langen Wegen von der Küche zum jeweiligen Eßplatz des Königs beim Servieren den Inhalt der Tassen verschütteten. Wir hatten in Versailles gesehen, wie weit die Küchenräume von den übrigen Zimmern entfernt lagen, und man aß immer da, wo der König sich gerade aufhielt, und das war bestimmt nicht in der Nähe der Küchen, denn diese lagen in einem separaten Gebäude. Speisezimmer gab es damals noch nicht. Manche dieser aus Weichporzellan gefertigten Tassen hatten dasselbe Streifen- oder Blumenmuster wie die Tapeten und Stuhlbezüge im Schloß. Man hatte Sinn für Harmonie.

Ein zeitgenössischer Künstler hat ein „Service Semaine“, ein „Wochenservice“ genanntes Porzellan geschaffen. Es ist sehr fein gearbeitet, in weiß und dunkelblau, die Ränder mit kleinen Löchern versehen. Jedes Teil hat den Namen eines anderen Wochentages: ein raffiniert gearbeitetes Zuckergefäß heißt „Dienstag“, eine Tasse heißt „Mittwoch“; und „Donnerstag“ zum Beispiel ist eine Schüssel. Ich habe mich zwar gefragt, warum ich die Tasse an einem anderen Tag benutzen soll als das Zuckergefäß, aber die Verkäuferin erklärte mir, daß nicht gemeint sei, was es suggeriert, sondern daß die Wochentage lediglich Namen sein sollen.

In der Zeit von Marie Antoinette, die sich so sehr für das Landleben interessierte, daß sie in ihren Schloßparks die berühmten „Hameaux", die künstlichen Weiler mit Ententeich, Hühnern, Schafen und Kühen anlegen ließ, entstand einiges an Porzellan rund um die Milch. Da wir beide damals mittlerweile allein im Geschäft waren, zeigte mir die Verkäuferin kichernd eine kleine Schüssel, die lose auf einem Dreifuß lag, der aus drei fein gearbeiteten ruhenden Porzellanziegen bestand. Wenn man die Schüssel herunternahm und umdrehte, zeigte sich, daß sie die Form eines Busens hatte.

Eine nach Aussage der Verkäuferin „moderne Feministin" hat goldene, weiße und blaue Frauenköpfe für die Manufaktur in Sèvres entworfen, deren Besonderheit es ist, daß sie sich bei leichtem Kippen immer wieder in die aufrechte Position des Kopfes zurückbewegen. Ich konnte mit diesen Köpfen leider nicht viel anfangen. Aber einige der Vasen, insbesondere die Deckelvasen, waren sehr schön, und das einzige ausgestellte Teegeschirr in dem typischen königlichen Blau war zauberhaft.

Außer diesem zarten, dunkelleuchtenden Set zum Teetrinken gab es jedoch kein weiteres Tischgeschirr. Außerdem kann man Sèvres-Porzellan weltweit nur in einem der beiden erwähnten Geschäfte kaufen, und man muß, falls man etwas nachbestellen möchte, darauf in der Regel ein bis zwei Jahre warten. Es können auch vierzehn Jahre daraus werden, wie in einem berichteten Fall geschehen. Deshalb ist Sèvres-Porzellan nicht als Gebrauchsgeschirr geeignet. In eines der beiden staatlichen Sèvres-Geschäfte, die vom Innenministerium unterhalten werden, geht man wie in eine Kunstgalerie und kauft ein Teil als Kunstgegenstand, wie eine Skulptur, wie ein Sammlerstück, nicht wie ein Geschirr. Wenn man sich aber nur daran erfreuen, es jedoch nicht besitzen möchte, dann fährt man am besten ins Schloß Fontainebleau nahe Paris, wo es ein Zimmer gibt, in dessen Wände hunderte von Sèvres-Tellern eingelassen sind. Sie zeigen alle feingemalte verschiedene Ansichten des Schlosses selbst und der herrlichen umgebenden Parks. Und in dem kleinen privat gestifteten Museum Nissim de Camondo im achten Arrondissement findet man eine beachtliche Sammlung Tafelgeschirr aus Sèvres, das mit Vögeln bemalt ist.

Erst viel später hatte ich doch noch die Gelegenheit, aufgrund einer persönlichen Einladung im Kreise einer Gruppe die Herstellung und Bearbeitung des Porzellans in der staatseigenen Manufaktur von Sèvres zu sehen.

Der ganze Betrieb wirkte etwas geisterhaft, denn in den vielen Räumen sah man außer riesigen bienenkorbähnlichen Brennöfen und einigen Lagerstätten für die Materialien, aus denen das Porzellan hergestellt wird, nur wenige Menschen arbeiten. Es waren insgesamt hundertfünfundzwanzig Leute, die in der Produktion arbeiteten und jedes Jahr etwa fünftausend Teile herstellen. Rein rechnerisch sind das pro Beschäftigtem vierzig Teile pro Jahr. Sie werden fast ausschließlich für die Ausstattung französischer Botschaften und Ministerien hergestellt. Die Motive für die kunstvolle Bemalung werden entsprechend ausgesucht, zum Beispiel dem Gastland der Botschaften angepaßt oder den Aufgaben eines bestimmten Ministeriums, und sie werden von antiken Vorlagen übernommen.

Der Staat läßt hier offenbar hauptsächlich für den eigenen Bedarf arbeiten.

Das Hôtel de Cluny

Versteckt hinter einer hohen zinnenbekrönten Festungsmauer liegt, nahe der alten Nord-Süd-Achse der Stadt, der heutigen „Rue Saint-Jacques", eins der schönsten Beispiele mittelalterlicher Profanbauten. Das dreiflügelige Gebäude, im spätgotischen Flamboyantstil erbaut, mit Treppentürmen, Arkaden, Wasserspeiern und einer Fassadendekoration aus Jakobsmuscheln und Spruchbändern, diente den Äbten der mächtigen Abtei von Cluny in Burgund einst als Stadthaus.

Sein Erbauer, der erste kluniazensische Abt Jacques d´Amboise, ließ es nicht zufällig nahe der Rue Saint Jacques erbauen. Sein Namenspatron, der Heilige Jakob, einer der drei Lieblingsjünger Jesu, spielt dabei eine große Rolle.

Das Haus liegt an einem Strang des Pilgerwegs nach Santiago de Compostela in Spanien, einer der wichtigsten Wallfahrtsstätten des Mittelalters. Auch heute noch beginnen Gläubige oftmals ihren Weg in Paris, um zu Fuß bis Santiago zu pilgern, zum Grab des Heiligen Jakob, „Sant Iago".

Drei Zeichen wiesen im Mittelalter die Frommen in ihrer schlichten grauen oder braunen Kleidung als Wallfahrer aus: der Pilgerstab, die Gurde, ein flaches Trinkgefäß, ursprünglich aus einem Kürbis hergestellt, und die Jakobsmuschel. Diese trugen sie an ihrem Hut befestigt und benutzten sie auch ganz praktisch unterwegs zum Wasserschöpfen und Trinken.

Der Erbauer des Pariser „Hôtel de Cluny" ließ darum die Fassade seines Pariser Stadthauses mit Jakobsmuscheln verzieren.

Auch eine Statue des Heiligen Jakobus stand auf einem noch sichtbaren Sockel an der Hauswand. Die Statue selbst ist jedoch verlorengegangen.

Der Abt von Cluny hatte sein Wohnhaus unmittelbar angrenzend an das alte römische Bad der ursprünglichen Siedlung von Paris gebaut.

In der von außen wie von innen noch gut zu erkennenden römischen Therme sind achtundzwanzig steinerne Köpfe von Königen aus dem Alten Testament aufgestellt. Sie stammen von der Kathedrale Notre Dame, waren dort aber während der Revolution heruntergerissen worden, weil man sie für die Köpfe französischer Könige hielt. Erst 1977 wurden sie wiederaufgefunden, als eine Bank gegenüber dem Kaufhaus Lafayette ihren Tresor vergrößern wollte.

Der schöne Palast dient heute als Museum (Musée national du Moyen Age et des Thermes de Cluny), mit einer reichhaltigen und vielseitigen Sammlung von Kunstwerken, Teppichen, Skulpturen und Alltagsgegenständen aus dem Mittelalter.

In seinem Garten findet man interessante Heil- und Nutzpflanzen, aber auch Wermut, Anis, Fenchel, Melisse und Ysop, die Pflanzen, die gebraucht wurden, um Absinth herzustellen, das beliebte, aber gefährliche Getränk vieler Bürger und Künstler des neunzehnten Jahrhunderts.

Von den nützlichen Dingen des Alltags, die im Museum ausgestellt sind, ist mir insbesondere eine Sammlung hölzerner Kämme im Gedächtnis, feinen und gröberen, sogar einer mit einem eingearbeiteten winzigen Spiegel.

In einem großen Kamin hängen interessante Küchenwerkzeuge, unter anderem ein Lachsräuchergerät.

Überaus schön sind einige holzgeschnitzte Altäre und Skulpturen von Heiligen; besonders kostbar aber ist einer von weltweit drei reingoldenen Altären. Dieser befindet sich im ehemaligen Schlafzimmer des Abtes, unmittelbar neben seiner Kapelle, deren Decke von einer auffallenden, fein aufgefächerten Säule gestützt wird.

Zwischen dem profanen und dem sakralen Raum gibt es ein Loch im Mauerwerk; durch dieses konnte der Abt von seinem Bett aus den Gottesdiensten folgen.

In diesem Museum habe ich zum ersten Mal ein „Einhorn" gesehen. Es sieht aus wie ein langer, leicht gedrehter, spitz zulaufender Stab. Früher glaubten die Menschen, es stamme von einem geheimnisvollen Tier, dem pferdeähnlichen Einhorn, dem nur brave Ritter und Jungfrauen gelegentlich an Stränden begegnen konnten. Das Tier galt als Symbol der Reinheit. Tatsächlich aber handelt es sich bei dem Horn um einen zwei bis drei Meter langen Zahn des Narwals. Kein Wunder also, daß Einhörner - das Horn, nicht das Tier - an Stränden gefunden wurden!

Ein außergewöhnlicher Schatz und eine Attraktion im Cluny-Museum sind die motivischen Wandteppiche der „Dame mit dem Einhorn".

Dabei handelt es sich um eine Serie von fünf Teppichen und einem sechsten, der thematisch aus dem Rahmen fällt und deshalb hervorgehoben präsentiert wird.

Die Reihe der fünf Wandbehänge stellt die fünf Sinne dar: Berühren, Riechen, Sehen, Hören, Schmecken. Auf allen Teppichen ist eine vornehme Dame dargestellt mit einem Einhorn, wobei dieses Tier manchmal Ähnlichkeit mit einem Pferd hat, manchmal mit einem Löwen oder auch einer Ziege. Man schließt daraus auf verschiedene Künstler, die diese Teppiche gefertigt haben, und zwar für einen Magistratsherrn aus Lyon, Jean Leviste, dessen Wappen, eine Flagge mit drei Halbmonden, sich auf den Teppichen wiederfindet.

Hergestellt im späten 15. Jahrhundert, anläßlich des Universitätsexamens dieses Herrn und als Zeichen seines hierdurch erreichten Aufstiegs in eine höhere soziale Schicht, haben diese Teppiche eine erstaunliche Geschichte hinter sich. Sie wurden von George Sand, der bekannten Schriftstellerin des neunzehnten Jahrhunderts, in dem kleinen Dorf Brissac, westlich der Rhônemündung, entdeckt. Darüber schreibt sie in einem Brief an den Schriftsteller und Kurator für Denkmalspflege, Prosper Mérimée.

Die über fünfhundert Jahre alten Teppiche haben erstaunlich intensive Farben, scheinbar unvergilbt. Bei ihrer Renovierung wurde jeder einzelne Faden von hinten nach vorn gewendet, wodurch nun eigentlich die unvergilbte Rückseite der Schaustücke sichtbar ist.

Der sechste Teppich trägt die höchst sonderbare und bis zum heutigen Tage nicht enträtselte Webunterschrift „A mon seul désir" (Meinem einzigen Wunsch) und zeigt, wie die Dame ihren Schmuck in einen Kasten zurücklegt; ihr Haar ist ungekämmt. Sie will sich - so eine der zahlreichen Bildinterpretationen - von nun an vom Weltlichen ab- und dem Geistigen oder Geistlichen zuwenden.

Wandteppiche zählten zu den wichtigsten Kunstwerken des 15. Jahrhunderts. Auch im ersten Saal des Museums werden alltagsszenendarstellende Bildteppiche gezeigt. Sie dienten als Schutz gegen Kälte, Feuchtigkeit und Ungeziefer. Die Weber waren Männer, denn ihre Arbeit war schwer. Es gab bereits fünfhundert verschiedene Farben und Schattierungen.

Auvers sur Oise - vor den Toren von Paris

Nur dreißig Kilometer von Paris entfernt liegt der kleine Ort Auvers sur Oise, der einen ausgiebigen Ausflug lohnt.

In Auvers am Flüßchen Oise verbrachte Vincent van Gogh die letzten zwei Monate seines Lebens in einer winzigen und armseligen Dachstube, bevor er sich selbst erschoß. In der kurzen Zeit seines Aufenthaltes dort malte er noch fünfzig Bilder, eines davon ist die durch ihn berühmt gewordene Kirche des Dorfes.

Der Maler ist auf dem Friedhof von Auvers neben seinem Bruder Theo beerdigt. Erst seit einigen Jahren jedoch werden die bisher vollkommen überwachsenen Gräber gepflegt, so daß man die Inschriften der Grabsteine wieder lesen kann.

Auvers sur Oise ist mittlerweile ein Beispiel dafür, wie aus einem verschlafenen Dorf, wo einst ein paar Maler die für ihre Zeit und ihren Stil typischen Motive fanden - außer van Gogh waren es etwas weniger bekannte Maler und Zeichner wie Charles François Daubigny, Camille Corot, Honoré Daumier, -

wie also aus einem unbedeutenden Ort ein attraktives Ausflugsziel werden kann.

Die heute vorhandenen Sehenswürdigkeiten gehen auf ganz private Initiativen zurück. Die eine ist ein kleines Museum über Absinth, dieses bei Bürgern und vor allem Künstlern wie zum Beispiel Henri de Toulouse-Lautrec so beliebt gewesene, hochprozentige Getränk.

Eine Dame namens Marie-Claude Delahaye hat alles zusammengetragen, was über Absinth noch existiert oder wissenswert ist: Plakate, Bilder, Gläser, Flaschen, Flaschenständer, Sieblöffel und sogar getrocknete Pflanzen, die für die Zubereitung nötig sind.

Madame Delahaye ist Leiterin ihres eigenen kleinen, sehr feinen Museums und Expertin par excellence. Sie versteht es, durch ihre Museumsobjekte wie auch im persönlichen Gespräch die Zeit der „fée verte", der „grünen Fee", der gefährlichen Verführerin zahlreicher Bürger und Künstler des neunzehnten Jahrhunderts, lebendig werden zu lassen.

Die Essenz aus Wermutblättern, Anis, Fenchel, Melisse und Ysop hatte mindestens fünfundsechzig Prozent Alkohol; sie war von Soldaten aus Algerien eingeführt worden und wurde anfänglich in der Schweiz als Mittel gegen Durchfall verwendet und später insbesondere in Frankreich als Modegetränk von allen sozialen Schichten konsumiert. Absinth war teurer als Wein.

Die speziellen Absinthgläser sind in etwa tulpenförmig, haben über dem unteren kleineren Teil des Kelches eine Verengung, als seien sie mit einem Gürtel geschnürt.

Bis zu dieser Stelle schenkte man den Alkohol ein, dann wurde mit der sechs- bis siebenfachen Menge Wasser verdünnt. Dieses wurde über ein Stück Zucker durch einen siebartigen Löffel ins Glas geträufelt, und zwar aus besonderen Flaschen und Karaffen mit kleinen Hähnen wie bei einem Samowar, mit dem bis zu vier Gläser gleichzeitig gefüllt werden konnten.

Die Herstellung von Absinth war seit 1915 in Frankreich verboten, denn es war inzwischen erwiesen, daß dieses furchtbare Gesöff nicht nur die Wirkung des Alkohols verstärkte, sondern daß das Thujon, ein gefährliches Gift im Wermut, epilepsieähnliche Anfälle und Halluzinationen verursachte und für den langsamen, aber frühen Tod manches Absinthliebhabers verantwortlich war.

Heutzutage kann man im Museum wieder Absinth kaufen, aber nur zwölfprozentigen mit einem äußerst geringen Gehalt des giftigen Thujons.

Ein Erlebnis besonderer Art ist ein Rundgang durch das Schloß. Obwohl sich weder im Besitz der Gemeinde noch des Schloßherrn ein einziges Originalbild eines bekannten Malers befindet, kann man sich in keinem anderen Schloß, in keinem Museum ein so gutes Bild machen von der Zeit und den Lebensumständen der Impressionisten und von den politisch-sozialen Gegebenheiten, die zu ihrem Malstil führten.

Es beginnt mit dem Pariser Präfekten Baron Haussmann, der zur Zeit Napoleons III. durch seine radikale Sanierung der Pariser Straßenverhältnisse buchstäblich frischen Wind in die Hauptstadt bringt und damit eine Art Aufbruchsstimmung in die Bevölkerung.

Der Aufstand der Pariser Kommune 1870/71 ist letztlich Ausdruck des gestiegenen Selbstbewußtseins der Menschen. Auch die einfachen und armen Leute, zum Beispiel Wäscherinnen, Näherinnen, Tänzerinnen und eben Künstler, wagen es endlich zu leben, wie sie wollen, zu malen, wie und was sie wollen.

Und so malen die Impressionisten nicht mehr nach festgeschriebenen Regeln konventionelle Themen im Atelier mit willkürlicher Beleuchtung in dunklen Farben, sondern eben Wäscherinnen, Näherinnen, Tänzerinnen in den neuerstandenen Etablissements wie Moulin Rouge, wo, nebenbei bemerkt, reichlich Absinth getrunken wurde.

Auch die neuartige Eisenbahn auf ihrer Strecke von Paris bis an den Ärmelkanal durch schöne Landschaften mit blühenden Blumenwiesen und durch dörfliche Pariser Vororte entlang der Seine trug zu der Aufbruchsstimmung bei. Mit der Bahn konnten nun die Menschen Ausflüge in die ländliche Umgebung von Paris machen. Dort fanden dann die Impressionisten die für ihre Malerei so typischen Motive. Die ganze Farbenvielfalt mit all ihren Schattierungen hielten sie in einer Malweise fest, die die konventionellen und bis dahin vorgeschriebenen Formen auflöste.

Auf unserem Gang durch das Schloß von Auvers wurden uns diese Zusammenhänge mit Erklärungen über Kopfhörer in Szenen nahegebracht, die nacheinander in Filmausschnitten, Bildern, Texten, Karikaturen sowie in kleinen und großen Schaukästen dargestellt waren.

Wir gelangten bald auch in einen halbdunklen Raum, in dem wir uns vor einer Bühne an Tischchen niederlassen konnten, auf denen (fest montierte) Absinthflaschen und Gläser standen. Alsbald öffnete sich der Bühnenvorhang, und mittels raffinierter Hologrammtechnik erstanden vor unseren Augen virtuelle Tänzerinnen und Sängerinnen in Aktion.

Weiter führte unser Rundgang in den Wartesaal eines Bahnhofs. Kisten und Koffer schnauzbärtiger Männer und von Frauen in ihren langen Kleidern standen bereit, deren Abreise wir in kurzen Filmen miterlebten.

Auch eine virtuelle Bahnreise machten wir mit. Nach dem Warteraum ging es nämlich in ein richtiges Zugabteil, und bei einem erklärenden Gespräch zweier Reisender - über Kopfhörer - zog die vielseitige Landschaft an uns vorbei, während sich jedes Landschaftsbild vor unseren Augen in das Gemälde eines berühmten Impressionisten verwandelte.

Ohne den Besitz eines einzigen Bildes, nur mit der armseligen Dachstube, in der van Gogh kurze Zeit gewohnt hatte, ohne ein Originalgemälde eines einzigen Impressionisten hat es Auvers sur Oise dennoch geschafft, eine ganz besondere Attraktion für Besucher zu werden.

Auf dem Kahlen Berg

Jedes Stadtviertel von Paris, jedes Arrondissement hat seinen ganz eigenen Charakter, seine eigene Atmosphäre und seine besondere Bevölkerung. Manche Bewohner verlassen ihr Arrondissement nur selten, sie brauchen nicht in andere Stadtteile zur Arbeit zu fahren oder zum Einkaufen oder zur Erholung. Sie finden das alles in ihrer nächsten Umgebung.

Ich hingegen wollte möglichst alle Stadtviertel von Paris kennenlernen, auch solche, die keine bekannten touristischen Attraktionen vorweisen. Unser Stadtführer Claude unterstützte diesen Wunsch; er wollte uns auch das unbekannte Paris zeigen, das durchaus erlebenswert ist; und so fuhren wir in das neunzehnte Arrondissement, im Nordosten der Stadt.

Diese Gegend wird beherrscht von einem Park, dem „Butte Chaumont", was vom lateinischen „Calvus Mons" stammt und so viel heißt wie „kahler Berg". Früher wuchs hier nichts, denn der Berg bestand aus Gips, der über eine lange Zeit ober- wie unterirdisch abgebaut wurde. Zur Zeit Napoleons III. und seines Stadterneuerers Haussmann, also in den Sechzigerjahren des neunzehnten Jahrhunderts, wurde der Gipsaubbau kurzerhand verboten, die damit verbundenen Industriebetriebe geschlossen und in vierjähriger Arbeit ein künstlicher Park angelegt, dessen Vorbild die Parks von London waren. Anders als zum Beispiel der „Parc du Luxembourg", die Tuilerien oder der Park des Palais Royal, die die Schönheit der Paläste widerspiegeln sollten, wurde hier die reine Natur gestaltet, was ja eigentlich ein Widerspruch in sich ist. Der Berg wurde in einer Weise zurechtgesprengt, daß eine Steilwand entstand; riesige Mengen Erde wurden angefahren, ein Teich angelegt, der von künstlichen Wasserfällen gespeist wird; kleine Rinnsale plätschern noch heute in Betonrinnen die Wege entlang; Geländer aus Zement haben die Form von knotigen Ästen und Baumstämmen; selbst die grünen metallenen Füße der Bänke sind wie Äste geformt. Es gibt eine ziemlich große Grotte, halb natürlich und halb künstlich, und mehrere Brückchen; und da selbst der Beton inzwischen eine grünlich feuchte Patina angesetzt hat, ist der Gesamteindruck sehr angenehm und tatsächlich erstaunlich natürlich. Es gibt einige riesige alte Bäume, darunter eine ausladende libanesische Zeder, und große Rasenflächen; der Berg wird beherrscht von einem kleinen, römischem Stil nachempfundenen Rundtempel.

Obwohl Franzosen, pauschal gesprochen, stark vom Geist Descartes´ bestimmt sind mit seiner Betonung des Intellekts (Ich denke, also bin ich), haben adelige Franzosen, die während der Revolution der Arbeiter von 1848 Frankreich verlassen hatten in Richtung England und Deutschland, von dort den Geist von Shakespeares Hamlet, Goethes Werther und der Romantik mitgebracht. Sie waren es, die damit Napoleon III. und Haussmann zu diesem Park inspirierten, der der Ruhe, der Meditation und der Selbstfindung des Menschen in der Natur dienen sollte.

Angrenzend an den Park liegt der hochgelegene Stadtteil Belleville, der sich zwischen manchen modernen und unschönen Wohnsiedlungen in einigen Teilen bis heute den Charakter eines hübschen kleinen Dorfes erhalten hat. Eine steile Treppe führte uns zu schmalen Sträßchen mit kleinen Häusern; ihre Fassaden sind mit Ziegeln und zum Teil mit Gips des Butte Chaumont abwechslungsreich gestaltet. Manche Häuser sind üppig von Zierweinlaub umrankt, das sich im Herbst dunkelrot färbt, und an einem der Hänge befindet sich tatsächlich ein Weinberg. Einige dieser Straßen östlich des Parks werden als „Villas" bezeichnet, wie zum Beispiel „Villa des Lilas" und „Bellevue", „Villa Loubet", „Leblanc" und „Villa d´ Alsace". Das sind nicht etwa Häuser, wie das Wort im Deutschen vermuten läßt, sondern Sackgassen oder Privatstraßen; manche von ihnen wirkten etwas verwildert, aber durchaus romantisch mit ihren winzigen, dicht bewachsenen Vorgärten.

Gelegentliche herrliche Ausblicke auf den Mont Martre mit der Kirche Sacré Coeur, auf den Invalidendom und die dicken, eckigen Türme des Louvre erinnerten uns daran, daß wir uns in Paris befanden und nicht in einem Dorf.

Einige Tage später erkundeten wir an einem Sonntagmorgen dasselbe Arrondissement mit dem Fahrrad, auf der östlichen Seite des „Butte Chaumont". Dort fanden wir sehr versteckt in der „Rue de Crimée" eine romantische russische Kirche, die ganz aus Holz gebaut und von einem hübschen Garten umgeben ist, im Charakter auch eher ein Dorfkirchlein denn Ausdruck einer Weltstadt.

Kleinafrika

Als „Fremder" kann man am Fuß des Montmartre, genau im Osten der höchsten Erhebung von Paris, einiges erleben, und „fremd" sind hier alle Menschen weißer Hautfarbe, denn hier ist „Kleinafrika".

Die meisten Pariser meiden aus Sicherheitserwägungen diese Gegend. Für Touristen jedoch ist sie interessant, denn hier befindet sich der sogenannte afrikanische Markt, der in allen Reiseführern erwähnt und wegen seiner Exotik als sehenswert empfohlen wird.

Auch wir sind natürlich einige Male über diesen bunten Stadtflecken gebummelt, denn er lag nicht weit von unserer Wohnung entfernt an der Metrostation „Chateau Rouge". Auf der kleinen Marktstraße findet man an exotischem Obst so allerlei, etwa frische Leechys und Sternfrüchte, Kapstachelbeeren, Kumquats und Kakteenfrüchte sowie allerlei fremdartige Gemüse, zum Beispiel Topinambur, Pastinak, Pattisson, Süßkartoffeln, Schlangen- und Flügelbohnen.

Daneben quollen die Auslagen der Fleischstände über von Hühnern, Hühnerbeinen, Hühnerhälsen und Hühnermägen; ein Stück weiter stapelten sich Innereien von Rindern sowie Rollbraten aus Rinderlunge, umwickelt mit Pansen und Därmen; das alles für unsereinen wenig appetitlich. Gänzlich uninteressant waren die Stände mit Plastikdosen und anderen Haushaltswaren, die auf französisch „quincaillerie" heißen, woher sich unser Wort Kinkerlitzchen ableitet.

Interessant, weil „exotisch", war jedoch die „Rue Poulet", die Hühnerstraße, die allerdings nicht nach einem Huhn, sondern nach einem Herrn Huhn, Monsieur Poulet, benannt ist. Er hat einst als damaliger Grundeigentümer diese Straße angelegt. Hier reihen sich Friseure und Perückengeschäfte aneinander. Farbige Frauen lassen sich in stundenlanger Sitzung Rastalöckchen flechten, dünne Zöpfchen neu legen und spiralförmig um den Kopf stecken, oder ihr Haar wird gezogen und geglättet und bleibt nur auf der Kopfoberseite kraus, wo es zu einem dicken Tuff gebunden wird. Falsche Haarteile für afrikanische Frauenfrisuren in Form von Löckchen oder Zöpfchen, das tiefe Schwarz manchmal aufgehellt zu Bronzebraun oder mit dunkelblonden Strähnen durchsetzt, auch geglättet und wie mit Seidenlack zum Glänzen gebracht – alles kann man hier zuhauf erstehen und gleich beim Friseur einarbeiten lassen.

Dabei schnattern die Frauen jeden Alters ununterbrochen in ihrem meist gutturalen Französisch, an dem man sie auch bei geschlossenen Augen als Afrikanerinnen erkennen kann. Manchmal gehören auch Männer zu dieser offenbar fröhlichen Runde; dann dringen oft afrikanische Laute zu uns auf die Straße. In dieser Gegend sind eindeutig die Weißhäutigen die Exoten.

Ein wenig weiter unterhalb liegen an derselben Straße winzige Kosmetikläden, in denen Lippenstifte oder grellfarbene Nagellacke nur einen bis zwei Euro kosten. Ein paar Straßen weiter findet man billigen Glitzerschmuck und gewagte Bauchtanzkostüme in den Fenstern liegen oder unter der Decke hängen, dazu auf mehreren Tischen ausgebreitet Berge bunter Stoffe und einen Laden weiter gehäkelte Käppchen für Männer.

Auf dem kleinen Platz an der Metrostation „Château Rouge" muß man sich, um zum Eingang der Bahn zu kommen, an afrikanischen Verkäuferinnen in bunten Röcken vorbeidrängen. Auch sie tragen natürlich die exotischen Frisuren oder manchmal auch farbige Turbane. Vor ihren ausladenden Busen haben sie auf Pappkartons oder grünen Mülltonnendeckeln ihre Ware ausgebreitet und bieten sie feil: elegante Sonnenbrillen mit kleinsten Brillanten sowie einem „CD" in der Brillenfassung, demnach anscheinend von Christian Dior; außerdem Schmuck, Armbanduhren und lederne Handtaschen in allen Größen. Dunkelhäutige Männer halten Ledergürtel, Herrensonnenbrillen, Feuerzeuge und manchmal auch Messer feil, alles natürlich zu einem Spottpreis. Angeblich ist alles Originalmarkenware; man könne eben günstig einkaufen, spare diverse Zwischenhändler und teure Ladenmieten, deshalb die unglaublichen Preise.

Aber warum riß mir dann einmal eine Händlerin die Brille, die ich gerade betrachtend in der Hand hielt, weg, verstaute blitzschnell ihre gesamte Ware in einer großen Tasche, eilte die paar Schritte zum einem der nächsten Marktstände und tat dort, als wolle sie selbst einkaufen? Warum verschwand urplötzlich alles in Taschen oder Mülltonnen oder leeren Kisten oder unter weiten Jacken? Warum standen plötzlich alle Händler „ohne Ware" da und plauderten - nur so - mit ihren Freunden? Ach ja, auf dem großen Boulevard fuhr gerade ein Polizeiwagen vorbei. Allerdings stieg niemand aus. Die Polizei wird hier so ungern gesehen, daß sie sich auch ganz ungern blicken läßt. Nur einmal, als es eine brutale Schlägerei gab und auch Messer aufblitzten, sahen wir sie in Mannschaftsstärke mit Sirenengeheul ankommen und aus ihrem Wagen springen. Aber da waren wir fast genauso schnell weg wie viele Händler, denn Hans hatte mich sofort gepackt und weggezogen bis zur nächsten Metrostation, wo wir außer Gefahr waren. So war ich manches Mal - zugegeben - froh, wenn ich unangefochten wieder unsere Wohnung erreicht hatte, insbesondere aber, nachdem Jutta, eine Freundin, mir ihre Geschichte erzählt hatte, bei der ihr das Entsetzen immer noch ins Gesicht geschrieben stand.

Wie hatte so etwas passieren können mitten in Paris am hellichten Tag? Sie lachte kurz auf: „Und wie naiv wir waren!" Dann erzählte sie die Geschichte zum wiederholten Mal.

Jutta und ihr Mann Jan waren über den erwähnten afrikanischen Markt gebummelt. Sie waren allerdings ein wenig enttäuscht darüber, daß der Markt so klein war, und außerdem war ihnen, die sie schon viel in der Welt herumgekommen waren, vieles nicht fremd. So beschlossen sie, in einem einfachen Café in der Nähe noch einen „petit noir", einen Espresso, zu trinken. Fast alle Tische waren besetzt, an der Theke hielten sich zahlreiche Kunden auf, nur Afrikaner, und ihren Kaffee im Stehen tranken und dazu ihre Zigaretten rauchten, deren Asche und Stummel ebenso wie die Papiere der Zuckerstückchen sie, wie in Frankreich an solchen Theken üblich, achtlos auf den Boden fallenließen. Jutta saß mit ihrem Mann an einem einfachen groben Holztischchen und streckte ihre müden Füße aus. Die Beiden überlegten, ob sie noch einen kleinen Salat essen sollten, um noch länger sitzenbleiben und sich erholen zu können, obwohl das Lokal keinen sehr einladenden Eindruck machte.

Der Wirt erklärte ihnen gerade die schlichte Speisekarte, als plötzlich zwei Männer mit gezogenen Pistolen in den Raum stürmten. So blitzartig, wie sie in das Café einfielen, so schnell verschwanden der Wirt hinter dem Tresen und sämtliche Gäste unter den Tischen - bis auf Jutta und Jan. Sie verstanden garnicht schnell genug, was sich da gerade abspielte. Sie waren dermaßen erschrocken, daß sie sich nicht rühren konnten. Wie versteinert saßen sie da.

Die beiden Bewaffneten richteten ihre Pistolen in alle Richtungen, auch auf Jan, stießen wüste Drohungen und Flüche aus - und verschwanden wieder ins Freie.

Nach ein paar weiteren Minuten der Schreckstarre - und der Vorsicht - krochen die Gäste unter den Tischen und der Wirt hinter dem Tresen hervor.

Jutta und Jan saßen immer noch regungslos. Erst ganz allmählich löst sich ihr Entsetzen, als ihnen klar wurde, daß die Gefahr nun wohl vorüber war. Aufgeregtes Gemurmel erfüllte jetzt den ungastlichen Raum. Einige Männer, die sich wohl besonders bedroht gefühlt hatten, knallten ein paar Münzen auf die Theke, um ihren Kaffee zu bezahlen, und verschwanden schnell im Gewimmel der Straße. Jan versuchte, aus dem Wirt eine Erklärung für diesen Überfall herauszubekommen. Der aber sagte nur, offensichtlich nervös: „Gehen Sie, gehen Sie!" und schien froh zu sein, als sie das Lokal verlassen hatten und er jedenfalls diese Gäste als Zeugen des Vorfalls los war.

So kam es, daß ich diesen Platz, vor allem wenn ich abends allein nach Hause zurückkehrte, mied und lieber an einer anderen Metrostation ausstieg. Dort sah ich manchmal Afrikanerinnen eines ganz anderen Typs, bildhübsche, große, schlanke Frauen. Sie trugen elegante lange, leuchtendbunte Kleider. Sie waren in passende seidigglänzende Schals gehüllt. Sie glitzerten von Schmuck. Das Beeindruckendste aber waren ihre stolze Haltung und ihr graziöser Gang. Einige von ihnen hatten, selbst spätabends, Kinder an der Hand, die genauso bunt gekleidet waren wie ihre Mütter und hübsche kleine Gesichter hatten mit großen, dunklen Augen, einfach süß.

Der Nationalfeiertag

Der Nationalfeiertag am 14. Juli bietet alljährlich der „Grande Nation" die Möglichkeit, sich selbst mit einer großartigen Parade auf den Champs Elysées darzustellen, welche in ihrer gesamten Länge live im Fernsehen übertragen wird.

Einmal konnte ich den jubelnden Vorbeimarsch der französischen Eliten unmittelbar von einem der Tribünenplätze aus erleben, die zu diesem Zweck in den Vortagen entlang der Pariser Prachtstraße aufgebaut worden waren.

Am Vorabend des 14. Juli bekam Hans einen Anruf, Colonel Schön - wer immer das sein mochte, wir kannten ihn nicht - habe noch eine der begehrten Karten übrig, wir könnten diese übernehmen. Der Herr sei gerade beim Gartenfest des Verteidigungsministers, wir sollten ihn auf seinem Handy anrufen. Er hatte es aber leider ausgeschaltet, deshalb fuhren wir persönlich zum Ministerium. Im Empfangsbüro dort kannte niemand den gesuchten Herrn, aber Hans` Diplomatenausweis verschaffte uns Einlaß zum Gartenfest des Ministers. So standen wir plötzlich in Jeans und Straßenjacke unter all den elegant Uniformierten und tranken Champagner. Weiterhelfen tat es uns auch nicht, denn wie sollten wir unter fünfzehnhundert Gästen einen unbekannten Herrn ausfindig machen?

Später am Abend gelang es uns doch noch, wenigstens eine einzelne Eintrittskarte zu bekommen, und so saß ich am nächsten Morgen unter all den geladenen Gästen des französischen Staatspräsidenten in der zweiten Reihe einer Tribüne auf den Champs Elysées.

Ich hätte mir nie im Leben träumen lassen, einmal hier zu sitzen, ich hätte mir nie träumen lassen, daß ich überhaupt Interesse daran haben würde, hier zu sitzen. Aber schon in der übervollen Metro spürte ich, daß ich als Eigentümer einer Zulassungskarte zu den Auserwählten gehörte, denn in der U-bahn drängten sich die Bürgermeister aller französischen Städte, die in jenem Jahr erstmalig eingeladen waren. Sie waren geschmückt mit Schärpen in den Landesfarben und stolzierten zu einer eigenen Tribüne. Es bedeutete endlich die Anerkennung der Städte in den Provinzen durch die stolze Hauptstadt Paris! Aber nicht alle Pariser waren von dieser Tatsache begeistert, denn viele aus der besseren Gesellschaft, die mit einer Einladung gerechnet hatten, hatten hierdurch das Nachsehen. Ich aber war dabei!

Zu Beginn der großen Parade kam der damalige Staatspräsident, Monsieur Chirac persönlich, im offenen Wagen die Champs Elysées heruntergefahren, hielt eine kurze Ansprache an die Bürgermeister, bevor er sich auf seine Tribüne auf der Place de la Concorde begab, wo er Platz nahm in einem Sessel, der auf einem eigens in der Gobelinmanufaktur für dieses Ereignis gefertigten blauen Teppich mit den Insignien „RF" für „République Française" stand.

Dann marschierten zweihundert Musiker und sechshundert Chorsänger auf und stimmten Beethovens Hymne an die Freude auf Französisch und Deutsch an sowie die französische Nationalhymne, die Marseillaise.

Danach paradierten mehr als eineinhalb Stunden lang französische Truppen zu Fuß, zu Pferd und motorisiert über die Pariser Prachtstraße. Um den gesamten Ablauf und das „who is who" zu kennen, gab es nicht nur eine komplette Seite in der Tageszeitung „Le Figaro", sondern jeder Teilnehmer bekam auch ein Programm. Ich hatte überdies das besondere Glück, daß meine Platznachbarin zur Rechten mir die historischen Uniformen der Soldaten, der Mitglieder französischer Eliteschulen, der Feuerwehr, Polizei und Fremdenlegion erklären konnte. Die Berufssoldaten der Fremdenlegion bekamen besonderen Beifall, als sie mit Lederschürzen und bewaffnet mit Äxten langsam an uns vorbeidefilierten. Auf meiner linken Seite zählte die Nachbarin den Anteil weiblicher Truppenmitglieder, und ihr Mann, der offenbar von der Technik der Fahrzeuge sehr beeindruckt war, stellte jeweils die besondere Ausstattung der Panzer, Panzerwagen, Bagger, Rettungsfahrzeuge, Kanonenträger, Brückenträger, Pistenglätter, Trinkwassertank-wagen und Feuerwehrautos heraus. Zur Einstimmung und zum Abschluß des ganzen Schauspiels flogen französische Militärflugzeuge und Hubschrauber sowie solche aus sechs anderen europäischen Ländern, darunter vier deutsche Tornados, über uns hinweg in bewundernswert exakter Formation. Außerordentliche Heiterkeit löste ein Schwarm Flugenten aus, der allerdings mit den Militärmaschinen schon deshalb nicht mithalten konnte, weil er nicht in derselben Richtung flog.

Nachdem das ganze Spektakel beendet und die Prominenz von der Ehrentribüne abgeholt worden war, gab es unter den übrigen Gästen ein ungeheures Gedränge. Ich konnte nur zu Fuß und unter Inkaufnahme eines weiten Umweges nach Hause zurückkommen, denn die Polizei erlaubte es nicht, die Champs Elysées zu überqueren, noch eine der nahegelegenen Seinebrücken.

Aber der Spaziergang tat mir gut. Ich hing meinen Gedanken nach. War ich nun beeindruckt von dem großen Spektakel? Irgendwie schon. Paris hat eine eigene, ganz besondere Atmosphäre. Für die Franzosen ist es der Nabel der Welt. Und sie gehören dazu. Jeder einzelne ist Teil der „Grande Nation". Sie sind stolz darauf. Und sie zeigen es. Warum eigentlich auch nicht?

Die französische Ehrenlegion

Hinter dem berühmten Musée d´Orsay, einem ehemaligen Bahnhof, als Museum aber vor allem bekannt wegen seiner großartigen Impressionistensammlung, ißt man gut in dem kleinen Brasserie-Restaurant „Les Deux Musées", „Die Beiden

Museen". Woher kommt dieser Name? Wo ist hier ein zweites Museum?

Der junge Prinz Friedrich III. von Salm-Kyrburg, dessen kleines Fürstentum an der deutschen Mosel lag, lebte mit seinen Eltern, wie so viele Adelige seiner Zeit, in Paris. Als er beschloß, sich ein eigenes „Hôtel", einen Stadtpalast, ein kleines Schlößchen, bauen zu lassen, fand er noch ein geeignetes Grundstück gegenüber den Tuilerien; Adelige liebten die Nähe zur Macht. Die Tuilerien, heute nur noch Park, beherbergten damals noch ein königliches Schloß.

Es dauerte zwei Jahre, bis der Grundstein des neuen Hauses gelegt werden konnte, denn zunächst mußte man hier im Überschwemmungsgebiet der Seine Stützpfeiler in den sumpfigen Boden setzen, um dem Gebäude Stabilität zu verleihen.

Der kleine Prachtbau, der zur Zeit Ludwigs XVI. entstand und heute dem Restaurant „Les Deux Musées" gegenüberliegt, wurde, der damaligen neuen Lebensvorstellung entsprechend, nicht mehr mit ausladenden Repräsentationsräumen, sondern mit relativ kleinen Zimmern für ein eher privates Leben versehen. Um dennoch großzügig zu wirken - man war schließlich adelig -, griff man in die architektonische Trickkiste. Vom Vestibül, der Eingangshalle, aus blickt man bei geöffneten Türen in drei hintereinander in einer Flucht liegende Zimmer, an deren Ende ein großflächiger, goldgerahmter Spiegel den Eindruck unendlicher Fortsetzung vortäuscht. Der letzte Raum, an dessen Rückseite sich der Spiegel befindet, ist rund, mit einem Durchmesser von „nur" dreizehn Metern, und wirkt dennoch wie ein großer Salon. Durch seine Fenster schaut man auf die Seine; auf der Innenseite des Salons werden die Fenster in goldenen Rahmen gespiegelt und vermitteln dadurch, wie der Spiegelsaal im Schloß von Versailles, den Eindruck von Helligkeit und Weiträumigkeit. Den runden Bau mit seiner grünen Kuppel kennen die meisten, die schon im Musée d´Orsay waren, von außen, ohne zu wissen, was sich dahinter verbirgt.

Der Prinz konnte sein nobles Domizil nur wenige Jahre genießen, denn er erlitt ein schreckliches Schicksal.

Josephine de Beauharnais, später in zweiter Ehe mit Napoleon Bonaparte verheiratet, hatte zur Zeit der französischen Revolution einige Monate im Gefängnis zubringen müssen. Nun hatte sie berechtigte Angst um ihre Kinder. Sie bat den deutschen Prinzen von Salm, einen Freund der Familie, um Hilfe. Dieser hatte sich trotz der schrecklichen Übergriffe gegen Adelige in Paris lange Zeit als Ausländer und Freigeist sicher gefühlt. Erst 1794, fünf Jahre nach Beginn der Revolution, war er endlich doch überzeugt, daß er das Land besser verlassen sollte. Er nahm die Kinder Josephines, Eugène und Hortense, dem Wunsch der Mutter entsprechend, mit auf seine Flucht nach Deutschland.

Der Vater der Kinder, General Alexandre de Beauharnais, war in dieses Unternehmen offenbar nicht eingeweiht gewesen und verlangte seine Kinder zurück. Auf seinen Druck hin machte Friedrich von Salm kehrt. Diese Entscheidung besiegelte sein Schicksal; er starb, fünf Tage früher als der Diktator der Schreckensherrschaft selbst, Robespierre, unter der Guillotine. Auch der Vater der Kinder wurde umgebracht.

Die Schwester des Prinzen, Amelie von Salm – übrigens hatten beide Geschwister Ehepartner aus dem Hause Hohenzollern-Sigmaringen, – suchte nach dem Ende der Revolution den Leichnam ihres Bruders vergebens auf dem Revolutionsfriedhof Picpus, im Osten von Paris, wo er in ein Massengrab geworfen worden war. Amelie kaufte daraufhin das gesamte Gelände, wo in einer kleinen Kirche die Nonnen der „Congrégation du Sacré Cœur de Jésus et Marie" noch heute fast ununterbrochen Tag und Nacht für die Revolutionsopfer beten.

Das schöne Haus des Prinzen wurde nach seinem Tod im Besitz mehrerer Eigentümer vernachlässigt, bis es zehn Jahre später von Napoleon auf der Suche nach einem repräsentativen Gebäude für seine neugegründete Ehrenlegion entdeckt wurde. Hier hatte er das Passende gefunden, und so begann die zweite „Karriere" des ehemaligen Schlößchens des Prinzen von Salm-Kryburg.

Im Empfangsraum des Schlößchens hängen oder stehen Portraits der früheren „Grands Chanceliers de la Légion d´Honneur", die Vorgänger des heutigen dreiunddreißigsten „Großmeisters der Ehrenlegion".

Der elegant gekleidete amtierende General hielt uns einen packenden Vortrag über die Ehrenlegion.

Napoleon gründete sie 1804 „pour le mérite civil et militaire", wobei er zwar die zivilen Verdienste als erste nannte, aber sicher ging es ihm eher darum, seinen treudienenden Soldaten einen Orden verleihen zu können. Denn er war ein guter Psychologe und wußte, daß er seine Soldaten an sich binden mußte und wie ihm dies am besten gelingen würde.

Im Speisesaal des Schlößchens hängt ein großes Gemälde, das Napoleon zeigt, wie er die ersten Soldaten mit dem Orden der Ehrenlegion auszeichnet. Als die englische Königin Elisabeth II. vor wenigen Jahren als Gast des Großmeisters in diesem Saal speiste, wurde sie auf das Gemälde aufmerksam gemacht. Es wurde ihr erklärt, daß die Soldaten hier mit dem Orden ausgezeichnet würden, bevor sie zu einem Feldzug gegen die Engländer aufbrächen. Darauf ihr trockener Kommentar: „Meines Wissens sind sie aber nie in England angekommen. – Oder?"

Napoleon wußte, daß ein Land eine Elite braucht. Da die bisherige (adelige) weitgehend umgebracht worden oder geflohen war, schaffte er mit der Begründung seines Ordens neue Eliten.

Ihm war es offenbar bewußt, was er an den Frauen hatte, nicht nur persönlich – das ohnehin –, sondern auch politisch. So jedenfalls begründete eine französische Historikerin die Tatsache, daß Napoleon drei Mädchenpensionate ins Leben gerufen hat, eines im Schloß von Ecouen, heute Museum der Renaissance, eins im Konvent von St. Denis, das als ehemaliges Kloster für ein Internat schon bestens eingerichtet war mit Speisesaal und Klosterzellen als Zimmer, und eins in St. Germain-en-Laye vor den Toren der Hauptstadt. Die beiden Schulen in St. Denis und St. Germain-en-Laye existieren noch heute.

Der „Grand Chancellier" sprach mit Begeisterung über deren exzellente Ausstattung. Selbstverständlich seien alle Lehrer hochmotiviert, es gebe genug Geld – die Ausbildung ist nur in besonderen Fällen kostenfrei -, die Schulen seien für die Arbeit der Schülerinnen in kleinen Gruppen sogar mit einer großen Zahl modern vernetzter Computer ausgestattet, und für die musische Erziehung gebe es zur Zeit allein in St. Denis zwölf Musiklehrer. Für die Aufnahme der Schülerinnen zählten nicht nur ihre Intelligenz, sondern auch ihr Verhalten und ihr ehrenamtliches Engagement sowie eine intakte Familie -, und die Mädchen sollten „rieuses et impertinentes" sein, auf deutsch etwa „fröhlich und keck", oder sie sind einfach Töchter oder Enkelinnen von Ordensträgern, dann haben sie auf jeden Fall das Recht auf eine Erziehung in diesen beiden Eliteschulen.

Da viele Männer wegen der von Napoleon geführten Kriege monate- oder jahrelang abwesend waren oder starben, lag die Kindererziehung natürlich überwiegend in der Hand der Frauen. Als Mütter von Napoleons späteren Soldaten sollten sie exzellent gebildet sein. War Napoleon so weitsichtig und im Hinblick auf Frauen so emanzipiert? Er, der sich weigerte, mit einer geschiedenen Frau auch nur zu sprechen (allerdings nur solange, bis er sich selbst - von Josephine - scheiden ließ, weil sie ihm keinen Thronfolger mehr schenken konnte)? Ihm war es durchaus klar, daß die Mütter durch die Erziehung ihrer Söhne großen Einfluß auf seine zukünftigen Soldaten hatten. Mit seinen Mädchenschulen nahm er also indirekt sehr geschickt Einfluß auf seine eigenen Leute.

Die erste Leiterin der Schule in Ecouen war Madame Campan, die Vorleserin für die Töchter des früheren Königs Ludwig XV. und Kammerfrau Marie Antoinettes. Sie ist auf einem Gemälde neben Abbildungen der drei Schulen verewigt.

Für die höchste Auszeichnung, die Frankreich zu vergeben hat, muß man von jemandem, der bereits Träger des Ordens ist, vorgeschlagen werden. Wenn man auf fünf Ebenen, vom Präfekten eines Departments bis zum Ministerium, für würdig befunden, d.h. in der Regel für jemanden gehalten wird, der über viele Jahre Außergewöhnliches für Frankreich geleistet hat, wird man vielleicht in das Schlößchen des Fürsten von Salm eingeladen zur Überreichung des Ordens. Wie der Großmeister betonte, habe im Schlößchen noch niemand den Orden überreicht bekommen, der nicht Tränen der Rührung und Dankbarkeit geweint habe.

Zurzeit gibt es rund neunzigtausend Ordensträger, darunter dreizehn Prozent Frauen. Auch zahlreiche Ausländer sind Träger des Kreuzes der Ehrenlegion.

Das ehemalige Prinzenschloß ist der Öffentlichkeit nicht zugänglich, deshalb ist auch seine Geschichte und die seines Erbauers den meisten Leuten unbekannt. Aber über die Geschichte der Ehrenlegion und berühmte Träger des Ordens kann man sich im „Musée de la Légion d´Honneur", das in einem Seitentrakt des Schlosses untergebracht ist, ein umfassendes Bild machen. So lebt der „staatstragende" Brauch der von Napoleon eingeführten Ordensverleihung im Palais des deutschen Prinzen bis heute fort. Das „Zweite Museum", auf das sich der Name des gegenüberliegenden Restaurants bezieht, ist also das Museum der Ehrenlegion.

Die Residenz des deutschen Botschafters

Ich hatte das unglaubliche Glück, mehrmals in der Residenz des deutschen Botschafters zu sein, in einem Palais, das als eines der schönsten von Paris gilt, dem reinsten Empirestil verpflichtet, einstmals Wohnsitz eines Prinzen, des Adoptivsohns Napoleons, Eugène de Beauharnais.

Er war der Sohn von Alexandre de Beauharnais aus seiner Ehe mit Joséphine Tascher de la Pagerie, der Joséphine, die in zweiter Ehe mit Napoleon verheiratet war. Ihr gutaussehender und, wie man sagt, sehr sympathischer Sohn Eugène, die rechte Hand Napoleons in dessen Feldzügen, heiratete Augusta von Bayern und wurde durch die Ehen seiner Töchter zum Stammvater der skandinavischen Königshäuser.

Eine seiner Töchter heiratete den Sohn von Jean-Baptiste Bernadotte, später als Karl XIV. Johann König von Schweden und Norwegen, den wir aus dem vielgelesenen Roman „Désirée" kennen. Erfindet man auch den Begriff der Stammutter, was ja im Zeitalter der Gleichberechtigung nicht ganz abwegig ist, so kann man festhalten, daß schon damals auch deutsches Blut in die Adern skandinavischer Majestäten floß, im schwedischen Königshaus also nicht erst, seit der schwedische König die allbekannte und sympathische Deutsche Sylvia Sommerlath heiratete und zur schwedischen Königin machte.

Eugènes Portrait und ein Bildnis seiner Frau findet man im ersten Stock der Residenz, in der Bel Etage.

Das Anwesen in der Rue de Lille im siebten Arrondissement wirkt von außen zwar eher unscheinbar, denn von der Straße aus sieht man nur eine Mauer und ein fast immer geschlossenes Tor. Erst auf dem Hof dahinter sieht man das Gebäude mit dem breiten Treppenaufgang, der von zwei ägyptischen Sphingen gesäumt wird.

Als ich zum ersten Mal die großzügige, mit Säulen geschmückte Eingangshalle betrat, war diese mit roten, weißen und bunten seidenen Blumenbouquets dekoriert und ausgestattet mit Vitrinen, in denen kostbare Porzellanfiguren bekannter französischer Generäle aus der Berliner Manufaktur standen.

Mit vergoldetem Stuck versehen und in verschiedenen Farben gehalten waren die Säle, durch die wir gehen konnten; die Bibliothek beeindruckte mit ausschließlich ledergebundenen Büchern.

Besonders in Erinnerung blieb mir das Schlafzimmer des Prinzen. Sein Bett ist, wie in jenen Kreisen damals üblich, mit einem zugleich kostbar und gemütlich wirkenden Betthimmel versehen.

Darunter befindet sich an der Rückwand ein großer Kristallspiegel mit dem Einschuß einer Pistolenkugel. Man konnte von der Seine und dem großen Garten aus direkt ins Schlafzimmer sehen - und schießen. Die heutzutage dazwischenliegende Straße gab es damals noch nicht.

Die Geschichte eines Liebhabers, der damals einen Nebenbuhler von Hortense, der Schwester Eugènes, in diesem Bett vermutete und diesen treffen wollte, ist nur eine Legende. Tatsächlich wurde der Spiegel in den Unruhen während des Aufstandes der Pariser Kommune in den Jahren 1870/71 von einer Kugel getroffen.

Als besondere Kostbarkeit sind mir die Kamine in Erinnerung. Die auf ihnen dargestellten Tiere, Vögel und Schmetterlinge, hielt ich zunächst für detailliert gemalte und kolorierte Zeichnungen in feinen Farbabstufungen, tatsächlich aber sind sie aus winzigen, nur zwei bis drei Millimeter großen Glasmosaiksteinchen zusammengesetzt, was für eine kunstvolle Arbeit!

Ein damals selten zu besichtigendes Kleinod war das historische Badezimmer, das wir durch einen kleinen, entzückenden „türkischen Salon" mit arabischer Deckeninschrift und orientalischen Türbögen betraten. Das Badezimmer war vergleichsweise klein; da aber alle Wände von oben bis unten mit Spiegeln versehen sind, wird trotzdem der Eindruck unendlicher Weite vermittelt.

Dieses Bad ist edel ausgestattet. In dem intim beleuchteten Raum befindet sich dem Fenster gegenüber die Badewanne mit Wasserhähnen in Form von Schwanenköpfen auf ihren langen Hälsen. An den Ecken der Wanne tragen schlanke Marmorsäulen ein Dach, unter dem sich der Badende sicher behaglich und beschützt fühlen muß.

Auf dem Fußboden wird „Europa auf dem Stier" dargestellt, am besten und richtig herum von der Wanne aus zu betrachten. Die Dame „Europa" ist umgeben von griechischen Musikinstrumenten. Der ganze Boden besteht aus Halbedelsteinen. Die Atmosphäre des Badezimmers mit seinem orientalischen Vorraum hat etwas Erotisches und Exotisches und läßt an Szenen aus „Tausendundeiner Nacht" denken.

Im Eßzimmer des Botschafters, in das wir einen kurzen Blick werfen durften, war gerade der Tisch für zwei Personen gedeckt, ein runder Tisch, an dem wenigstens zehn Personen hätten Platz nehmen können.

Der Botschafter muß einen männlichen französischen Gast erwartet haben, denn als Tischschmuck gab es statt eines Blumenstraußes sieben Figuren aus der Sammlung der französischen Porzellangeneräle. Es gab keine Tischdecke, sondern Sets unter jedem Gedeck, damit das kostbare, polierte Mahagoniholz des Tisches zu sehen war.

Durch die offene Küchentür konnten wir das silberne Tafelgeschirr sehen, Servierplatten, Tee- und Kaffeekannen.

Später waren wir noch mehrmals in der Residenz des Botschafters zu Gast, jeweils am dritten Oktober zur Feier des Tags der Deutschen Einheit.

Beim ersten Mal gab es im Garten ein üppiges Büfett der Firma Möwenpick, über Nacht mit zwei Lastwagen und siebzig Leuten aus Hannover hierher nach Paris transportiert.

Damals flanierten über eintausendfünfhundert Menschen über den roten Läufer, vorbei an einem rot uniformierten Reiter auf einem Hannoveraner Hengst im großen Vorhof, weiter über die breite Treppe, durch die Eingangshalle mit ihren Porzellanfiguren in den Vitrinen und den an diesem Feiertag echten Blumenbouquets, bis in die Bibliothek, wo seine Exzellenz der Botschafter allen die Hand drückte, nachdem jeder Herr für sich und seine Begleiterin beim Maître d'Hôtel seine Visitenkarte abgegeben hatte und laut namentlich angekündigt und vorgestellt worden war.

Alles, was in Paris Rang und Namen hatte, war hier versammelt. Da hörte man die hochtrabendsten und beeindruckendsten Titel, an die ich mich aber leider nicht im Einzelnen erinnern kann, da ich ziemlich aufgeregt war.

Ein solch hochoffizielles Zeremoniell hatte ich noch nie erlebt. Außerdem stand ich ganz allein in der Schlange, da mein „Begleiter" verhindert war. Aber im Zeitalter der Gleichberechtigung - siehe oben - hatte ich mich entschieden, der Einladung auch allein zu folgen, ohne schützenden Begleiter. Bei der Vorstellung meines schlichten Namens, ohne jeden Titel oder Rang, kam ich mir nun aber sehr bescheiden vor.

Nach dem Händedruck des Botschafters und seiner Gemahlin wurde ich wie alle anderen weitergeschoben in den Garten, in dem große Zelte aufgestellt waren. Dort herrschte ein wahrhaftes Gedränge. Von den historischen Räumen konnte ich bei dieser Gelegenheit nicht viel sehen.

Ein Jahr später waren wir wieder anläßlich unseres Nationalfeiertages eingeladen, vom deutschen Botschafter sowie von Außenminister Fischer. Aus Sparsamkeitsgründen waren deutlich weniger Gäste geladen als im Jahr zuvor, und das üppige Büffet war diesmal vom Botschaftspersonal selbst gezaubert worden. Es war nicht weniger exzellent als das der Firma Mövenpick.

Außenminister Fischer und sein damaliger französischer Amtskollege Chevènement hielten im Garten kurze Ansprachen, jeweils von einer Dolmetscherin übersetzt, deren Können ich sehr bewunderte und um das ich sie beneidete.

Wieder ein Jahr später standen am Tag der Deutschen Einheit den geladenen Gästen nicht nur die Prunkräume des Erdgeschosses und der Garten zur Verfügung, vielmehr war die gesamte Bel Etage geöffnet worden. Der neue Botschafter, der Hans so verblüffend ähnlich sah, daß dieser zu unserem Vergnügen als vermeintlicher Hausherr und Gastgeber mehrmals mit „Exzellenz" angesprochen wurde, hatte es so angeordnet.

Nach seinem Willen sollte die Residenz trotz der Bedenken von Kunsthistorikern und Architekten, die den historischen Palast als Denkmal geschützt wissen wollten, ein Ort der Begegnung und der Verständigung sein.

Zur Geschichte des Hauses gibt es noch einige interessante Details: Die wertvolle Einrichtung stammt teilweise noch von Prinz Eugène; sie war damals schon so teuer, daß Napoleon seinem Stief- und Adoptivsohn jedes weitere Betreten des Hauses aus Zorn über soviel Verschwendungssucht nach nur wenigen Wochen verbot.

Als das Haus im deutsch-französischen Krieg von 1780/81 an Preußen fiel, wurde nur eine Kleinigkeit in den Räumen verändert: an einer Zimmerdecke findet man die preußische Krone und darunter die Insignien FR (Fridericus Rex, König Friedrich); nicht zu verwechseln mit der häufig in Paris zu findenden Inschrift RF, (République Française).

In dieser Zeit bewohnte Otto von Bismarck einige Räume eines damals offenbar schlecht ausgestatteten Seitentrakts. In einem Brief an seine Frau („Mein liebes Herz") beklagt er sich bitter über die Unbequemlichkeiten. Der Brieftext lag im türkischen Salon zum Lesen aus, unterschrieben mit „v B" (von Bismarck).

Auch der Komponist Richard Wagner lebte einige Monate hier. Ein Gemälde mit seinem Portrait hängt an der Wand eines Salons, und auf dem Klavier liegt eine von ihm handgeschriebene Partiturseite.

Nach dem zweiten Weltkrieg stellte Frankreich das Gebäude verschiedenen französischen Verwaltungsdiensten zur Verfügung. Von diesen soll das Parkett Stück für Stück herausgerissen und als Brennholz verwendet worden sein. Auch die vielen Tapetenschichten wurden von den Wänden gerissen. So war das Haus schließlich in einem bedauernswerten Zustand.

Die Franzosen wollten das Gebäude, dessen Renovierung viel Geld gekostet hätte, nicht in ihrem Besitz behalten. Sie wollten es an Deutschland verkaufen, aber die Bundesrepublik lehnte ab. Die Restaurierung des Palastes wäre zu kostspielig geworden.

Da griff der französische Staatspräsident Charles de Gaulle zu einer sehr geschickten List: er machte das Haus dem deutschen Bundeskanzler Adenauer zum Geschenk.

So kam es doch in den Besitz der Bundesrepublik, denn der Kanzler konnte ein solches Geschenk nicht gut zurückweisen, auch wenn der Deutsche Bundestag damals tagelang heftig über seine Annahme stritt. Adenauer konnte sich durchsetzen, und so wurde der Palast von Deutschland vorbildlich restauriert für zwanzig Millionen Mark.

Wenn man allein daran denkt, wie aufwendig es gewesen sein muß, die Originalseidentapeten in Lyon nachweben zu lassen, so verwundert der Preis keineswegs. Es war ein Glück, daß unter den Wandnägeln noch kleine Reste der ursprünglichen Tapete erkennbar waren und in Lyon die entsprechenden Webvorlagen noch existierten.

Gegen Ende unseres Aufenthaltes in Paris wurde das Palais noch einmal renoviert; jede Einzelheit wurde in der Weise wiederhergestellt, wie sie ursprünglich, zu Eugènes Zeiten, gewesen war. Wie froh können wir heute sein, daß sich dieses Kleinod als repräsentativer Besitz im Eigentum des deutschen Staates befindet und sinnvoll als Residenz des Botschafters genutzt werden kann! Ich jedenfalls habe die schönsten Erinnerungen an die aufregenden Empfänge in diesem herrlichen Palais.

Beim Film

Paris ist neben Rom und London sicherlich eine der Weltstädte, die am häufigsten als Kulisse für alle Arten von Filmen dient. Nicht selten kann man in der Stadt vor bekannten Gebäuden oder auf markanten Plätzen die manchmal enormen technischen Installationen sehen, die nötig sind, um Filmaufnahmen zu machen.

Eines Tages verschaffte mir Renata auf kecke Weise die Möglichkeit, einmal aus eigener Anschauung zu erleben, was sich abspielt, wenn vor prominenter Kulisse Filmszenen gedreht werden.

Das einzige, was ich wußte, war, daß wir morgens um acht Uhr am Nebeneingang des Centre Beaubourg, auch Centre Culturel Georges Pompidou genannt, pünktlich dasein sollten, und zwar elegant gekleidet und mit Kleidung zum Wechseln in der Tasche.

Ich stand also um sechs Uhr auf, schminkte und kämmte mich ausführlich, zog einen schwarzen Hosenanzug an und machte mich auf den Weg.

Als ich um zehn vor acht am Skulpturenbrunnen neben dem modernen Museumsgebäude ankam, war bereits mit Hilfe von vier Bussen eine breite Gasse gebildet, in der sich viele schon am frühen Morgen vornehm gekleidete Menschen um drei lange

Tische drängten. Es gab Kaffee, Tee und verschiedene Säfte, Würstchen, belegte Brote, Kuchen und Kekse.

Zwischen den Tischen standen einige Leute in Jeans und Lederjacken, mit Schreibblöcken und Stiften, langen Listen und Namensschildchen versehen.

Renata, mit der ich hier verabredet war und die mittlerweile auch eingetroffen war, drängte sich zu einem dieser „Macher" durch und redete auf ihn ein, bis dieser sich mir freundlich zuwandte und fragte, ob ich Journalistin sei. „Nein", antwortete Renata für mich, aber ich schriebe Geschichten über Paris, und dies hier gehöre doch unbedingt da hinein. Der junge Mann meinte, er wolle tun, was er könne, er dürfe aber nichts selbst entscheiden, er werde sich an „die Produktion" wenden.

Das tat er per Handy mehrmals im Laufe von anderthalb Stunden, in denen wir unruhig und ungeduldig warteten, während die meisten anderen Leute inzwischen im Gebäude verschwunden waren.

Würde ich Einlaß bekommen? Wir frühstückten ein wenig, studierten die Aufschriften der Busse: „voiture de maquillage, coiffage, habillage", (Schmink-, Frisier- und Umkleidewagen). Und dann bekam auch ich es endlich, das begehrte „badge", das Schildchen, das mir Einlaß verschaffte zu den Dreharbeiten eines Kinofilms - zum Dabeisein, und zwar für eine ganze Stunde!

Aus der einen Stunde wurden elf.

Wir gingen quer durch das Museum, fuhren auf den Rolltreppen in den bekannten durchsichtigen Röhren bis ins oberste Stockwerk, wurden in einen fensterlosen, schwarz verhangenen langen Raum geführt und dort erst einmal uns selbst überlassen.

Im Hintergrund standen Holztische und -bänke, an der rechten Längswand drei Schminktische und links drei Frisiertische, dem Eingang gegenüber wieder Tische mit Kaffee, Tee und Keksen. Etwa sechzig Leute standen, saßen, hockten gelangweilt oder mit anderen schwatzend im Raum, weitere wurden an den Schmink- und Frisiertischen eifrig verschönert.

Alle - außer mir, ich war ja nur für eine Stunde als Beobachterin zugelassen - füllten die an sie zuvor verteilten Vertragsformulare aus, damit sie nachher auch bezahlt werden konnten.

Ich mischte mich unters Volk und wurde nun allerdings sogleich als Komparsin vereinnahmt. An meiner Frisur oder dem Make-up wollte man zwar nichts mehr verbessern, aber ein bißchen Puder nahm den Glanz von Nase und Stirn.

Schließlich fing das an, weswegen wir hierhergekommen waren, die Dreharbeiten zu einem Film.

Es war kurz vor zehn Uhr.

Wir wurden von der Regieassistentin abgeholt und im Restaurant des Museums an Tische verteilt, auf denen langstielige rote Rosen standen und Vorspeisen gedeckt waren. Da ich mich etwas schüchtern im Hintergrund gehalten hatte, wurde ich für das Außencafé vorgesehen.

Ich saß zusammen mit zwei Herren vor gefüllten Espressotassen und einem Glas Saft, im Mantel, denn es war jetzt im März noch ziemlich kühl. Alle zehn bis fünfzehn Minuten, immer wenn gedreht werden sollte, kam eine Assistentin vorbei und nahm uns kurzzeitig unsere Mäntel ab, um damit in den Hintergrund zu eilen, denn die Filmszenen spielten im Sommer.

Folgerichtig kam dann auch die weibliche Hauptdarstellerin, gespielt von Kate Hudson, einer Tochter der bekannten Schauspielerin Goldie Hawn, in einer sehr hellen Hose und einem sehr luftigen perlenbestickten Oberteil und sehr hochhackigen hellen Sandaletten an uns vorbei ins Lokal, wo der Empfangschef sie begrüßte und an einen Tisch führte, an dem sie offenbar schon freudig von einem Herrn erwartet wurde.

Dieser war Thierry Lhermitte, ein Schauspieler, von dem sämtliche anwesenden Damen, die ihn offenbar alle kannten, schwärmten. Diese Begrüßungsszene wurde immer und immer wieder neu gedreht, einmal war es sogar meine Schuld, daß sie erneut aufgenommen werden mußte, denn ich hatte in die Kamera gesehen, und das ist den Komparsen keinesfalls erlaubt.

Wäre es nicht wegen der Mäntel gewesen, hätten wir allerdings von den Dreharbeiten kaum etwas gemerkt, denn die beiden Herren an meinem Tisch, ein arbeitsloser Opernsänger und ein Kunstmaler, waren die ganze Zeit über sehr gesprächig, und so ging es sehr locker zu, und wir bildeten für die Filmszenen einen natürlichen Hintergrund.

Als wir später für eine Weile nicht mehr gebraucht wurden, hatte ich Gelegenheit, mir die Dreharbeiten aus der Nähe anzusehen.

Die Filmaufnahmegeräte waren auf mehrere Stellen im Restaurant verteilt, Assistenten eilten hin und her, ordneten nach jedem Dreh die ohnehin perfekt sitzenden Haarsträhnchen der Schauspieler, während sich Kate Hudson zwischen den Aufnahmen immer wieder Lammfellpuschen anzog, weil sie kalte Füße hatte, und gelangweilt ihr Strickzeug hervorkramte.

Einmal stellte ich mich während der Drehaufnahmen Thierry genau gegenüber, natürlich in genügendem Abstand, so daß ich nicht mitgefilmt wurde, und schnitt Gesichter, aber er ließ sich nicht aus dem Konzept bringen. Dennoch wurden die gleichen Szenen wieder und wieder gedreht.

Die Schauspieler mußten funktionieren wie Marionetten; welch ein im Grunde langweiliger Job! Immer wieder die gleichen Szenen, die gleichen Bewegungen, die gleichen Worte, die gleichen Blicke einen halben Tag lang zu wiederholen, um eine Filmszene von wenigen Minuten auf die Leinwand zu bekommen; und für einen abendfüllenden Film das Gleiche dann wochen- oder monatelang! Es müssen die tollen Randbedingungen sein, die diesen Job so attraktiv machen, bekannt sein und im Rampenlicht stehen, gut verdienen, zu tollen Partys eingeladen werden, sich mit Luxus umgeben können.

Bei einer weiteren Szene waren wir Komparsen wieder gefragt, wir standen und saßen zwanglos im Museum und diskutierten über moderne Kunstwerke, vor die wir postiert worden waren.

Interessanterweise fanden Renata und ich an einem banalen Bild immer wieder neue Aspekte, wurden zu immer neuen tiefsinnigen oder albernen Bemerkungen inspiriert. Das war auch nötig, denn wir merkten nicht, wann gefilmt wurde, mußten deshalb immer miteinander im Gespräch bleiben.

Dennoch weiß ich heute nicht mehr, um welches Bild es sich handelte, ich erinnere mich aber, daß es in unseren Augen eher eine wandgroße Bastelarbeit war als ein ernstzunehmendes Kunstwerk.

Am Abend holten sich die Komparsen ihr Geld ab, nicht wenig, denn es handelte sich um eine amerikanische und deshalb gutbezahlte Produktion. Ich ging leider leer aus, aber die Erfahrung war mir diesen Tag wert. Manchmal ist an einem Tag, der überwiegend aus Herumsitzen besteht, das Geld schwerer verdient als an einem Tag voll wirklicher Arbeit.

Monate später konnte ich den Film „Le Divorce" („Die Scheidung" – Titel in Deutschland: „Eine Affäre in Paris") in einem der dreihundertzweiundsiebzig Pariser Kinosäle sehen. Man hat sich genau für die Szene entschieden, in der ich in die Kamera blicke.

Sehenswerte Kleinigkeiten

Wie oft war ich durch dieses neunte Arrondissement am Fuß des Montmartre gegangen, ohne die vielen interessanten

Kleinigkeiten zu bemerken, die es hier zu sehen gibt! Unser Stadtführer Claude machte uns darauf aufmerksam und erzählte uns viel Wissenswertes über dieses lebendige Viertel.

Es lag bis 1816 außerhalb der Stadtmauern und beherbergte deshalb zahlreiche kleine Bistros, weil dort auf die Getränke keine Steuern gezahlt werden mußten wie innerhalb der Stadt. Hier traf sich deshalb auch der Dichter Emile Zola mit Freunden, und viele Impressionisten bevorzugten für einen „Drink" diese kleinen Lokale.

Ein Denkmal des Generals Moncey erinnert an seinen Kampf gegen die Kosaken; aus dieser Zeit stammt der russische Begriff „bistro", der „schnell" bedeutet und den Wirt zur Eile antrieb. Ein Bistro war demnach ursprünglich eine Art Schnellimbiß.

An vielen Hauseingängen findet man schmiedeeiserne Gitter mit dezenten kleinen Büsten von instrumentespielenden Engeln.

An manchen Häusern sind im linken und rechten Türflügel die Köpfe eines Mannes und einer Frau zu sehen, die sich einander zuwenden. Die beiden stellen ein in Frankreich berühmtes Liebespaar des Mittelalters dar, Abélard und Héloïse.

Er war Philosoph und Theologe, sie seine Schülerin. Sie verliebten sich ineinander, bekamen ein Kind. Abélard verließ jedoch seine Geliebte; als Strafe dafür soll er von ihrem Onkel entmannt worden sein. Héloïse blieb damals nichts anderes übrig als ein Leben im Kloster.

Heute sind die beiden wieder vereint in einer Grabstätte auf dem Friedhof „Père Lachaise". Die Volksseele möchte ewige Harmonie zwischen Liebenden. Deshalb wurden nicht nur ihre knöchernen Überreste zusammengelegt, sondern sie wurden auch zu Symbolfiguren an den erwähnten Haustüren mit den schmiedeeisernen Köpfchen. Jungen Herren des neunzehnten Jahrhunderts zeigten sie an, wo willige Damen wohnten, die sich „ausführen" ließen. Wir sahen einige dieser hübschen Köpfe in der Rue de Clichy (Nr. 38) und der Rue Vintimille (Nr. 8) sowie in der Rue de Bruxelles, wo in dem Haus Nr. „21 bis" mit dem hübschen intimen Hof Emile Zola starb.

An einem bemerkenswerten Lokal in der Rue de Clichy spazierten wir vorbei, ohne es zu betreten. Es hat eine sehr schöne Fassade, in deren Fenster man ein Schild nicht übersehen sollte, das besagte „tenue correcte exigée", man durfte hier also nur korrekt gekleidet erscheinen, nicht in Jeans und nicht ohne Krawatte. Es ist eine beliebte Billardspielstätte und -schule.

In der Rue Ballu passierten wir etliche sehenswerte Häuser.

Wir betraten den Innenhof des Hauses Nr. 22, wo an der rechten und linken Seite der Einfahrt eiserne Pferdeköpfe deutlich machen, daß die Gebäude Stallungen waren. Sie gehörten Louis de Bourbon, dem Duc d´ Enghien, der in zweiter Ehe mit Prinzessin Charlotte von Rohan-Rochefort verheiratet war und von Napoleon erschossen wurde (das Haus Rohan kennen wir von dem Kardinal, der in die Halsbandaffäre Marie Antoinettes verwickelt war).

Auf der gegenüberliegenden Straßenseite (Nr. 25) bewunderten wir einen schönen im Jugendstil gestalteten Innenhof mit Engeln im Durchgang, während das Gebäude Nr. „11 bis" auf seinen Vordächern aus Keramik gefertigte Vasen und einen Pelikan zeigt. Dieser Vogel galt als das Symbol für Freigebigkeit und Willkommen, denn er soll seine Jungen nicht nur mit Beute aus dem Kropf füttern, sondern ihnen den ganzen Magen öffnen.

Das Haus beherbergt die „Société des auteurs et compositeurs dramatiques", die Gesellschaft der Autoren und Komponisten, deren Gründer Pierre-Augustin de Beaumarchais war.

Dieser ist der Autor des Theaterstücks „Der tolle Tag oder die Hochzeit des Figaro", das von Mozart als Grundlage für seine Oper genutzt wurde. Das Theaterstück löste damals kaum vorstellbare Begeisterungsstürme bei der Bevölkerung aus, da sich darin Figaro, ein einfacher Vertreter des Volkes, über die Schäden, Schwächen und Mißbräuche der feinen Gesellschaft und des Staates lustig machte. Endlich jemand, der sich traute, dem Adel einen Spiegel vorzuhalten!

Beaumarchais war Musiklehrer für Harfe der berühmten Madame de Pompadour, vielleicht kannte er sich daher mit dem Adel aus.

Besonders interessant durch sein Fenster sowie allerlei Einzelheiten wie Figuren und Säulen ist am Ende der kleinen Rue Cardinal Mercier (Nr. 12) das Haus, das eine Schauspielerin (Anna Judic) 1883 bauen ließ. Auf dem Glasfenster der Fassade ist die Begegnung von Antonio und Kleopatra dargestellt. Dieses riesige Bild ist eine Kopie in Originalgröße des berühmten Freskos von Tiepolo im Palazzo Labia in Venedig. Es läßt die Ausmaße des Hauptraumes dieses noblen Gebäudes erahnen, der mehr als neun Meter lang, über fünf Meter breit und bald acht Meter hoch ist.

Nichts mehr ist übriggeblieben von dem Gefängnis, das es hier einmal gab, ein Gefängnis speziell für Leute, die ihre Schulden nicht bezahlen konnten. Sie konnten von ihren Gläubigern hinter Gitter gebracht, mußten dann aber von diesen verpflegt werden. Nach Absitzen von maximal zwei Jahren Gefängnishaft wurden die Schuldner entlassen. Sie waren dann ihre Schulden los, für viele sicher kein angenehmer, aber der einzige Weg, jemals wieder schuldenfrei zu werden. Für den Gläubiger nichts anderes als eine - teure - Genugtuung!

Viel lustiger als im Gefängnis ging es sicher im „Casino de Paris" zu, wo hinter den Fenstern im Art Nouveau-Stil die berühmte Unterhaltungsschau mit Josephine Baker stattfand, die damals ähnlich gewagt wie ihre Vorgängerin Mistinguett vor ihrem Publikum tanzte, nur mit Bananenröckchen bekleidet - welch ein Skandal!

Anständig ging es in der Kirche Sainte-Trinité zu, die das alte Stadtviertel nach dem Fall der Stadtmauer mit dem neuen verband.

Dieses Gotteshaus hat - nach der Kirche Saint Eustache - die beste Orgel von ganz Paris. Hier war Olivier Messiaen „titulaire de l'orgue", (Organist) von 1931 bis zu seinem Tod 1992.

Der Eindruck der Kirche mit ihrem einzelnen Mittelturm und ihrer Fahrspur unter dem säulengestützten Vordach, wo sich wohlsituierte Gläubige in ihren Kutschen vorfahren lassen und trockenen Fußes das Gotteshaus betreten konnten, ist eher der eines großen Salons für vornehme Gesellschaften als der einer Kirche. Unter dem Tonnengewölbe hängen große Kristallüster über edlem Parkettfußboden, und die Reichen hatten im Kirchenschiff mit rotem Samt bezogene Logenplätze.

In diesem Gotteshaus verteilt die Heilige Geneviève in den Farben der Dritten Republik, blau, weiß, rot Brot an die arme Pariser Bevölkerung - aber nur auf einem großen Gemälde.

Berühmte und geliebte Gebeine

In allen Reiseführern über Paris werden die dortigen Friedhöfe als besuchenswerte Ziele beschrieben. Die berühmtesten liegen im Osten der Stadt am Ende der Avenue de la République, auf dem Montmartre, dem Montparnasse sowie oberhalb des Trocadéro. Beeindruckend finde ich vor allem, welch illustren Namen ich dort begegnet bin, Schriftstellern und Philosophen, Malern und Sängern, Politikern, Schauspielern und Tänzerinnen, Kämpfern und Komponisten.

Der größte Friedhof ist der Friedhof „Père Lachaise", der nach dem Beichtvater des Sonnenkönigs, Ludwigs XIV., benannt ist. Pater „La Chaise" hatte sich an dieser Stelle auf dem Landgut und Alterssitz seines Jesuitenordens niedergelassen. Napoleon ließ das Gut zum Friedhof umgestalten. Durch die trickreiche Verlegung „attraktiver" Gebeine hierher, das heißt der Überreste oder vermeintlichen Überreste bekannter Persönlichkeiten wie zum Beispiel Molière und La Fontaine, wurde der Friedhof für die Zeitgenossen Napoleons als letzte Ruhestätte begehrt. Man läßt sich schließlich nicht irgendwo beerdigen, vielmehr will man sich wenigstens auf dem Gottesacker in Gesellschaft von „Stars" aus dem öffentlichen Leben befinden. Später brauchte für diese Totenstadt nicht mehr mit solchen Tricks geworben zu werden, sie wurde so beliebt, daß sie von siebzehn auf heute vierundvierzig Hektar vergrößert werden mußte.

Mit Recht werden diese Friedhöfe oft Totenstädte genannt, denn anders als auf deutschen Friedhöfen stehen sehr viele Särge in steinernen Grabhäusern. Manche sind wenig geschmückt, nur mit den Namen der Toten versehen, manche aber auch mit Plaketten aus Bronze, mit Reliefs oder Skulpturen verschönt. Manche Familien haben sich kleine Tempelchen oder Kapellen als Andenken und Ruhestätten bauen lassen, dazwischen findet man Statuen und Büsten der vielen berühmten Persönlichkeiten, die auf Pariser Friedhöfen zu finden sind. Wenige große Bäume oder Baumalleen lockern diese Steinwüsten auf.

Einige der heutzutage nicht mehr existenten Friedhöfe, insbesondere derjenige im Hallenviertel, waren gegen Ende des achtzehnten Jahrhunderts so überbelegt, daß die Stadtverwaltung einen Ausweg suchen mußte. Sie fand ihn in den Steinbrüchen im Südosten der Stadt. Wer dort hundertdreißig Stufen hinabsteigt, kann insgesamt über eineinhalb Kilometer durch die sparsam beleuchteten Gänge der Katakomben laufen, um nach einigen hundert Metern den ersten Stapeln von Gebeinen zu begegnen, die von den überfüllten Friedhöfen hierhin verlagert wurden. Es ist ein wenig schaurig da unten, zuweilen hatte ich den Eindruck, in einem am Ende zugemauerten Gang zu laufen, manchmal verzweigte er sich so, daß ich fürchtete, mich zu verlaufen. Ich war anfangs ganz allein in diesem Labyrinth, ich begegnete erst anderen Besuchern kurz bevor ich auf die Gebeine der Millionen von Menschen traf, die hier fein säuberlich entlang der Gänge, in Nischen und Höhlen sehr dekorativ aufgeschichtet sind. Diese Ansammlung menschlicher Knochen empfinde ich keineswegs als bedrückend; viel trister finde ich die Arbeit der Aufseher, die viele Stunden des Tages in dieser spärlich beleuchteten, feuchten Atmosphäre verbringen müssen.

Dennoch, wohl dem, der damals eine bekannte und anerkannte Persönlichkeit war und das Glück hatte, im Pantheon seine letzte - oder zuweilen auch vorletzte - Ruhestätte zu finden. Unter der hohen Kuppel mit dem Foucault´schen Pendel, mit dem der berühmte Physiker Foucault 1851 an dieser Stelle die Drehung der Erde nachwies und das sich noch heute hier bewegt, befindet sich eine weitläufige Gruft mit den Gebeinen verdienter Persönlichkeiten in schönen Sarkophagen. Die sterblichen Überreste des großen Aufklärers Voltaire waren die ersten, die während der französischen Revolution hierher überführt wurden. Ebenfalls ruhen hier der Erfinder der Blindenschrift, Louis Braille, die Dichter Victor Hugo und Emile Zola sowie als einzige Frau seit 1995 die Physikerin Marie Curie, gestorben 1934, mit ihrem Ehemann Pierre und vielen weiteren den Franzosen wichtigen Persönlichkeiten. Die Revolutionäre Marat und Mirabeau, die hier auch bestattet worden waren, mußten aus der Ruhmeshalle Frankreichs allerdings später wieder ausziehen. Das Ansehen der Toten ändert sich mit dem Blick der Lebenden. Als bisher letzter bekam hier vor wenigen Jahren der Politiker und Schriftsteller André Malraux sein Ehrengrab.

Wer in Frankreich wirklich Geschichte schrieb, Könige und Königinnen, hat seit Jahrhunderten seinen letzten Ruheplatz jedoch nicht in Paris selbst, sondern in Saint Denis gefunden, einer Vorstadt von Paris, die sicher schon bessere Zeiten kannte.

Ursprünglich gab es dort einen römischen Friedhof, auf dem auch der erste Bischof von Paris, der Märtyrer Sankt Dionysius, beigesetzt wurde. Über diesem Grabmal des Heiligen ließen die Benediktinermönche ein Kloster errichten. Es war die Macht dieses Ordens, die bereits im siebten Jahrhundert den französischen König Dagobert veranlaßte, die Kirche und die Reliquiare des Märtyrers Dionysius durch reiche Schenkungen auszuschmücken und sich selbst hier bestatten zu lassen. Später wurde das Kloster eines der wichtigsten Zentren für die Geschichtsschreibung Frankreichs; die Mönche hatten das Recht, die offiziellen Chroniken des Königreiches abzufassen. Auch die königlichen Kroninsignien waren hier aufbewahrt. Als ich das alles las, wunderte es mich nicht mehr, daß mit wenigen Ausnahmen alle französischen Könige hier in Saint Denis, in einem Ort, der heutzutage zum Leben nicht sehr attraktiv ist, ihre ewige Ruhe suchten. Die herrliche gotische Kathedrale ist mit ihren weit über siebzig Grabmälern und Grabdenkmälern sehr beeindruckend, wegen ihrer Architektur, wegen ihrer fein gearbeiteten Säulenskulpturen, wegen ihrer farbintensiven Glasfenster und wegen ihrer ruhmreichen und geschichtsträchtigen Aufbewahrung königlicher Gebeine.

Ein Erlebnis ganz anderer Art, aber durchaus nicht uninteressant ist der Hundefriedhof in Asnières, einem Vorort von Paris. Im Laufe des neunzehnten Jahrhunderts änderte sich allmählich die Funktion des Tieres, vom reinen Nutztier wurde es zum Begleiter des Menschen. Deshalb wollten viele Menschen ihre Haustiere nicht mehr, wie es das Gesetz forderte, innerhalb von vierundzwanzig Stunden zum Abdecker bringen, oder, wie es gängige Praxis war, die Tiere in den Hausmüll, die Seine oder irgendeinen Graben werfen, sondern sie wollten sie begraben mit „mindestens einem Meter Erde über ihnen". Zunächst in England und 1845 auch in Frankreich wurde eine

„Gesellschaft zum Schutz von Tieren" gegründet; 1899 wurde der „Friedhof für Hunde und andere Haustiere" als erster seiner Art angelegt.

An seinem Eingang bekamen wir einen Plan mit den Gräbern bekannter Tiere oder von Hunden bekannter Herrchen und Frauchen, zum Beispiel von „Rintintin", dem Star vieler Fernsehfilme, von „Prince of Wales", der vierhundertsechs Mal auf einer Theaterbühne aufgetreten sein soll, von „Kroumir", der Katze, die aus Kummer über den Tod ihres Herrn vier Tage nach diesem gestorben sein soll und von „Drac", dem Hund der rumänischen Prinzessin Elisabeth, der ihr das Leben im Exil erträglich gemacht hatte. Unmittelbar am Eingang gibt es ein Denkmal für „Barry", den Bernhardinerhund, der der Legende nach vierzig Menschen das Leben gerettet hat, bevor ihn der einundvierzigste tötete, und ein Monument für Polizeihunde, die im Dienst gestorben sind. Aber vor allem zeugen viele Grabstätten unbekannter Tiere von der Zuneigung und der Trauer ihrer Besitzer; mit Grabsteinen aus Marmor und poliertem Granit, versehen mit Porzellanbildchen und Porzellanblumen, Skulpturen und Plastiksträußen sowie goldenen Inschriften „Meine einzige Liebe - deine Mama". Es wirkt ein wenig makaber, aber auch traurig, wenn man bedenkt, wie einsam viele Menschen sein müssen, daß ihre Tiere eine solche Rolle in ihrem Leben gespielt haben, übrigens zwar überwiegend, aber nicht ausschließlich Hunde, sondern auch Pferde, Affen, Katzen und sogar Vögel: „Kleiner wilder Vogel, wenn du über diesem Grab fliegst, stimme dein süßestes Lied an!"

Saint Denis, Geschichte und Geschichten

Warum waren viele französische Könige so sehr darauf bedacht, ihre letzte Ruhestätte ausgerechnet in Saint Denis zu finden, einem Ort, der heutzutage als aus allen Nähten platzender Vorort von Paris eher unattraktiv ist?

Die Frage ist einfach zu beantworten: es lag an der Bedeutung des Heiligen Dionysius, nach dem Ort und Kathedrale von Saint Denis benannt sind.

Dionysius war der Legende nach ein christlicher Märtyrer, der mit zwei weiteren für ihren christlichen Glauben Kämpfenden in Paris auf dem Montmartre (dem Marterberg, Berg des Martyriums) geköpft wurde. Alle drei nahmen umgehend ihre Köpfe unter den Arm und machten sich auf zu dem Ort, der heute Saint Denis heißt.

Die Plätze, an denen sie eine Pause einlegten, heißen noch heute Montjoie (Freudenberg). Römische „ungläubige" Soldaten, von denen das Land damals erobert und besetzt war, sahen die Kopflosen kommen und fielen sogleich in Ohnmacht.

Auf diese Weise kamen die Märtyrer bis Saint Denis, wo sie endgültig tot zusammenbrachen. Eine Frau, die gerade in der Nähe war, begrub sie schnell, und ehe die mittlerweile wieder zu sich gekommenen Soldaten auftauchten, war über die Gräber Gras gewachsen, sie waren somit für die „Heiden" unauffindbar. Christen aber kannten den Ort genau und bauten darüber eine Kapelle, einen Vorgängerbau der heutigen Kathedrale. Tatsächlich hat man 1950 drei Gräber gefunden, die sich im Mittelpunkt von weiteren Totenplätzen im ältesten Teil der Kirche befinden.

Unter dem ersten christlichen Frankenkönig, Chlodwig, auf französisch Clovis, wurde die Kirche vergrößert. Von diesem Clovis ist der Name Louis (Ludwig) abgeleitet, den immerhin achtzehn französische Könige tragen, unter ihnen Ludwig IX., der Heilige, der die Heilige Kapelle (Sainte Chapelle) von Paris eigens für die kostbarste Reliquie der Christenheit, Jesu Dornenkrone, bauen ließ, sowie die Brüder Ludwig XVI. und Ludwig XVIII.

Welche Eltern geben zwei von drei Söhnen denselben Namen, nämlich Ludwig?

Bekanntlich nahm nach der Hinrichtung Ludwigs XVI. samt seiner Frau Marie Antoinette im Verlauf der französischen Revolution - und nach dem mysteriösen frühen Tod ihres Sohnes Ludwigs XVII. - der Bruder Ludwigs XVI., bis dahin Graf von Provence, den Königstitel an und wurde somit Ludwig XVIII.

Er kehrte nach der Niederlage und Verbannung des selbsternannten Kaisers, Napoleon, aus dem Ausland zurück und zog als König in Paris ein. Er hatte noch zwei weitere Namen, Stanislas und Xavier. Aber auch diese hatten niemals der Anrede gedient; vielmehr wurden Königskinder von ihren Eltern oder anderen nahestehenden Personen nach ihrem Landbesitz, zum Beispiel „Provence" oder „Artois" genannt.

Der dritte Bruder - und Nachfolger auf dem Thron Ludwigs XVIII. -, Karl X., ist ausnahmsweise nicht in der Kathedrale von Saint Denis bestattet. Außer diesem „fehlt" dort nur der Frankenkönig Karl der Große (Charlemagne), den die Franzosen wie selbstverständlich für sich als „französischen" König beanspruchen.

Er ruht zu ihrem Leidwesen bekanntlich im Kaiserdom zu Aachen; Karl X. ist in Slowenien begraben.

Alle anderen französischen Könige sollen in Saint Denis bestattet sein.

Viele von ihnen haben künstlerisch gestaltete Gräber oder Grabdenkmäler; dafür ist die Kathedrale von Saint Denis - ebenso wie für ihre beeindruckende gotische Architektur und ihre wunderbaren Glasfenster - bekannt.

Obwohl während der Revolution die Leichname der Hingerichteten einfach in Massengräber geworfen worden waren, sollen sich auch die Gebeine des letzten vorrevolutionären Königspaares, Ludwigs XVI. und Marie Antoinettes, in Saint Denis befinden. Nach deren Hinrichtung sollen Königstreue verbotenerweise und heimlich ihren Leichnamen so weit wie möglich bis zu der Grube gefolgt sein, in die alle toten Körper geworfen wurden, und gesehen haben, wo sie ungefähr abgelegt worden waren.

Viele Jahre später, als man es wieder wagen konnte, erinnerten sich diese Royalisten öffentlich, und man identifizierte Ludwig XVI. durch sein Gebiß und Marie Antoinette angeblich durch die besonders dicken Strickstrümpfe, die sie stets getragen hatte.

Auf jeden Fall schmückt sich die Kathedrale nicht nur mit Grabplatten des Königspaares, sondern auch mit einer lebensgroßen und lebenswirklichen Doppelskulptur.

Anders als die Gräber späterer Könige sind diejenigen der frühen, mittelalterlichen Könige und Königinnen noch nicht individualisiert, die Liegefiguren auf den Sarkophagdeckeln haben alle die gleichen Gesichter, die gleichen Frisuren, den steifen Faltenwurf der Gewänder wie bei einer stehenden Figur, die Füße wie im Gehen voreinandergesetzt.

Zu Füßen der Könige ruht häufig ein kleiner Löwe als Zeichen der Auferstehung Christi. Löwenbabys sollen nämlich die ersten Tage nach ihrer Geburt wie tot sein, am dritten Tag brüllt der Löwenvater so, daß die Babys zum Leben erwachen, so wie Jesus am dritten Tag nach seiner Kreuzigung zum eigentlichen, ewigen Leben auferstanden ist.

Den Königinnen zu Füßen liegt oft ein Hund als Zeichen ihrer Treue zu Gott.

Auf späteren Sarkophagen zeigen die Königsskulpturen sehr unterschiedliche Gesichtszüge sowie die der Realität entsprechende Körpergröße und andere persönliche Merkmale. Eine der Liegefiguren, Jeanne de Bourbon, hält nicht etwa, wie man zunächst meint, ihre gerafften marmornen Kleiderfalten in der Hand, sondern ihre eigenen (marmornen) Gedärme.

Es war üblich, das Herz oder andere innere Körperteile von Verstorbenen anderswo aufzubewahren, etwa in einem Kloster, zu dem der Verstorbene eine enge Beziehung hatte.

Auch in Saint Denis steht nahe dem Eingang der Kathedrale eine Säule mit einer Urne, die das Herz eines verstorbenen Königs enthalten soll.

In der französischen Revolution ging man allerdings nicht sehr pietätvoll mit den Herzen verstorbener Mitglieder des Königshauses um; so konnte der für seine meisterhaften Zeichnungen bekannte Maler Pierre-Paul Proud´hon die Herzen verstorbener Könige aus der Pariser Kirche Val de Grâce kaufen, zerreiben und mit Olivenöl vermischt zu dunkelroter Farbe für seine Gemälde machen. Das sind keine Geschichten, das ist Geschichte.

Ab der Renaissancezeit liebte man individuelle, reich gestaltete Grabmonumente. Der Grabbau Ludwigs XII. zum Beispiel ist in drei Ebenen angelegt.

Am Sockel findet man Szenen von Schlachten, die Ludwig - natürlich siegreich - geführt hat; auf dem Sarkophagdeckel, der irdischen Ebene, ist er sehr realistisch dargestellt, nackt, mit dem faltigen Körper und Gesicht eines alten Mannes, während der auf Säulen ruhende „himmlische" Überbau ihn und seine Frau im Krönungsmantel verherrlicht.

An den Ecken symbolisieren vier Frauenfiguren Weisheit, Stärke, Gerechtigkeit und Mäßigung.

Noch prachtvoller als die Grablege für diesen Ludwig ist die Anlage für Heinrich II. und seine Frau Katharina von Medici, die bekanntlich aus der italienischen Stadt Florenz stammt, die Protestanten bekämpfte und die blutige Bartholomäusnacht inszenierte.

Nachdem ihr königlicher Gemahl gestorben, genauer gesagt, bei einem Turnier umgekommen war, ließ Katharina nicht nur die Grabskulpturen ihres Mannes aus Marmor anfertigen, sondern gab auch gleich diejenigen für ihre eigene spätere Beerdigung mit in Auftrag.

Zweimal wies sie allerdings ihre eigenen Abbilder zurück, weil ihre schönen Beine, auf die sie sehr stolz war, nicht genügend zur Geltung gekommen seien. Katharina soll den Damenreitsitz erfunden haben, um ihre schlanken Beine zeigen zu können. Außerdem soll sie, die Italienerin, in Frankreich die Speisegabel eingeführt haben. Auf der linken Seite außerhalb der Kathedrale deutet eine Hecke den Grundriß der „Rotonde des Valois" an, eines runden Baues, der ursprünglich das Grab Katharinas von Medici aufnehmen sollte.

Dieses Gebäude ist bei dem Modell der Kirche Saint Denis in deren Eingangsbereich zu sehen.

Insgesamt ist die königliche Nekropole mit über siebzig Grabfiguren und Grabmonumenten das bedeutendste Ensemble französischer Grabbildhauerkunst.

Der Friedhof Picpus

Hinter einer unauffälligen Fassade in der Rue de Picpus gibt es einen Platz zu entdecken, der heutzutage ein Hort des Friedens und der Stille ist, vor etwas mehr als zweihundert Jahren jedoch ein Ort des Grauens war.

Picpus ist der Name eines Friedhofs. Er gehört nicht zu den spektakulären Friedhöfen wie Père Lachaise oder Montmartre, die sich in der Liste der Pariser Sehenswürdigkeiten befinden und wohin Touristen in Scharen pilgern, um die Gräber ihrer Lieblinge aufzusuchen, seien es Musiker oder Schriftsteller, Schauspieler oder Dichter.

Picpus ist ein Synonym für den unmenschlichen Terror der französischen Revolution. Die hat sich zwar den meisten Franzosen ins Gedächtnis gegraben als Beginn einer besseren Zeit, als Anfang der Freiheit des Einzelnen, als Befreiung von der Ausbeutung durch König und Aristokratie. Jedoch mit wieviel Entsetzen, Blut, Angst, Tod und Mord eine ganze Generation diese Freiheit für sie erkauft hat, daran möchten sie nicht gerne erinnert werden.

Neben dem Eingangstor zu Picpus gibt es eine unscheinbare Marmortafel, auf der steht, daß hier zwischen dem 13. Juni und dem 28. Juli 1794 - innerhalb von sechseinhalb Wochen -, mehr als eintausenddreihundert Hingerichtete in zwei Massengräbern verscharrt wurden.

Die Guillotine für die Hinrichtungen stand zu der Zeit ganz in der Nähe, auf dem Platz des Throns (Place du Trône), der während der Revolution in Platz des Umgestürzten Throns (Place du Trône-Renversé) umbenannt wurde.

Zu Beginn der Revolution hatte das Mordinstrument für die Hinrichtung des Königs, Ludwigs XVI., und der Königin Marie Antoinette, auf der heutigen Place de la Concorde, dem Platz der Eintracht, gestanden.

Nachdem sich aber viele Anwohner „wegen des Gestanks der Leichen" beschwert hatten, wurde die Guillotine außerhalb der Stadt aufgestellt, eben auf der Place du Trône-Renversé. Das ist heute der Platz „de la Nation".

In dieser Gegend befanden sich viele Klöster. Auch das Areal des Picpus war damals und ist heute noch Klostergelände. Die Nonnen der „Congrégation du Sacré Cœur de Jésus et Marie" beten noch immer fast ununterbrochen Tag und Nacht für die Revolutionsopfer und deren Angehörige sowie für den Seelenfrieden der Henker. Dieser Gebete wegen ist der Friedhof nur an vier Tagen für je zwei Stunden der Öffentlichkeit zugänglich.

Während der schrecklichen Periode der Hinrichtungen hatten zwei clevere Ärzte auf einem Teil des Klostergeländes ein Krankenhaus errichtet. Dort konnten sich Menschen, die dem Tode geweiht waren, gegen regelmäßige Zahlungen falsche Atteste ausstellen lassen, denn solange jemand krank war - oder schwanger -, wurde er bzw. sie nicht hingerichtet. War der letzte „Sou" jedoch ausgegeben, hatten die Kranken leider das Pech, wieder gesundgeschrieben und nun doch noch enthauptet zu werden.

In der Klosterkirche befinden sich zwei deckenhohe marmorne Wandtafeln, auf denen jeder der Hingerichteten mit Namen und Beruf verzeichnet ist. Dort zeigt sich, daß vier Fünftel der Ermordeten nicht der verhaßten ausbeutenden Klasse der Aristokratie angehörten, sondern einfache Menschen aus dem Volk waren, die lediglich irgendwem mißliebig und deshalb denunziert worden waren. Man findet Namen von Schustern, Schneiderinnen, Bändermachern, Bäuerinnen, Tagelöhnern, von den Ärmsten der Armen. Unter den Hingerichteten waren einhundertzwanzig Frauen.

Der Friedhof besteht aus drei Teilen, einer parkähnlichen Anlage, einem zweiten Teil mit Gräbern von Angehörigen der Terroropfer und aus zwei anonymen Massengräbern.

Der Park ist in Richtung der früheren Place du Trône-Renversé durch eine Mauer abgeschlossen. Sie war früher durchbrochen worden, damit die blutrot gestrichenen doppelwandigen Karren mit den Toten hindurchfahren konnten. Es müssen dreißig bis vierzig Hingerichtete pro Tag gewesen sein, die dann einfach in zwei ausgehobene Gräben geworfen und mit Kalkschichten bestreut wurden.

Im Park ist noch ein gemauerter Bogen zu sehen; er gehörte zu einem Kiosk, in dem Kleidung und sonstiges Brauchbare der Opfer verschachert wurden.

Erst als Napoleon die Revolution offiziell für beendet erklärte, trauten sich die ersten Angehörigen der Terroropfer nach Paris zurück.

So kam auch die deutsche Hohenzollernprinzessin Amelie von Salm nach Paris, um ihren ermordeten Bruder zu suchen (dem wir in seinem kleinen Palast neben dem Musée d'Orsay, heute Sitz der Ehrenlegion, begegnet sind). Sie kaufte das Land des heutigen Friedhofs, gab aber bald die Suche nach ihrem Bruder auf. Nur Massengräber wurden wiedergefunden. Heute sind sie nur durch ein schmiedeeisernes Tor zu sehen. Davor befinden sich die Gräber von Angehörigen, auch das der Prinzessin von Salm.

Auch einem anderen bekannten Namen begegneten wir hier: Tascher de la Pagerie. Es ist der Mädchenname von Kaiserin Joséphine, deren erster Mann, Alexandre de Beauharnais, auch hingerichtet worden war, bevor sie zwei Jahre später Napoleon heiratete. Ihre Eltern, die von der Insel Martinique stammten, und ihr berühmter Sohn Eugène ruhen ebenfalls auf diesem Friedhof.

Ein Grab fällt durch seine Größe auf, das des Generals La Fayette und seiner Frau, Madame de Noailles, die aus einer heute noch bekannten und angesehenen französischen Familie stammte.

Über dem Grab weht eine amerikanische Flagge, die jedes Jahr in einer feierlichen Zeremonie am Jahrestag des Beginns der französischen Revolution, dem 14. Juli, ausgetauscht wird.

Der Franzose La Fayette hatte sich nämlich als Freiwilliger auf eigene Kosten dem Befehlsführer im Nordamerikanischen Unabhängigkeitskrieg, George Washington, zur Verfügung gestellt und einen entscheidenden Beitrag zur englischen Kapitulation in Amerika geleistet. Deshalb ruht er zwar auf dem Pariser Friedhof Picpus, aber in amerikanischer Erde; sie wurde tonnenweise per Schiff vom Mount Vernon, wo eine bedeutende Schlacht stattgefunden hatte, herbeigeschafft.

Das Musée Grévin

Es hatte mich schon lange gereizt, mir ein konkretes Bild von Persönlichkeiten aus Geschichte und Gegenwart durch den

Besuch des Pariser Musée Grévin, des Wachsfigurenmuseums zu machen.

Das Museum war sehr gut besucht, die Luft in beiden Stockwerken stickig und warm. Das verstärkte den schaurigen Eindruck, den ich insbesondere von den Szenen aus der französischen Revolution hatte, die mich besonders interessierten. Ich hatte nämlich gerade ein spannendes Buch von Stefan Zweig über Marie Antoinette gelesen, das in exzellenter Weise die Gegensätze zwischen dem völlig isolierten Leben am Königshof von Versailles und dem armseligen Hungerleben der Pariser Bevölkerung lebendig werden läßt und dadurch Einblick in und Verständnis für den Aufstand des Volkes vermittelt. Gleichzeitig werden aber auch Figuren wie Marie Antoinette und ihr königlicher Gemahl, Ludwig XVI., zu ganz normalen Menschen mit Gefühlen und Vorlieben, mit Ängsten und Schwächen. Ihre außergewöhnliche persönliche Geschichte, die nach entsetzlicher Demütigung und unvorstellbarer seelischer Folter unter dem Fallbeil der Guillotine endet, basiert einzig auf ihrer königlichen Herkunft und ihrem vollkommen weltfremden Leben im Schloß von Versailles. Durch Stefan Zweigs Buch bekam ich ein sehr genaues Bild für den „mittleren Charakter" - so der Untertitel des Buches - Marie Antoinette, das heißt für einen ganz durchschnittlichen Menschen, der ohne königliche Geburt und Heirat vermutlich ein durchschnittliches und damit vielleicht glückliches Leben hätte führen können.

Im Musée Grévin werden unter anderem die schon draußen angekündigten „Sternstunden der Französischen Revolution" sehr anschaulich dargestellt: Marie Antoinette im Kerker der Conciergerie, Marie Antoinette fällt in Ohnmacht, als an ihrem Gefängnisfenster der aufgespießte Kopf ihrer höfischen langjährigen Freundin, Prinzessin Lamballe, vorbeigetragen wird, Marie Antoinettes achtjähriger Sohn im Kerker des „Temple", die Ermordung Marats in der Originalbadewanne.

Das also waren in den Augen der Franzosen die Sternstunden des Aufstandes gegen die Monarchie!

In Deutschland ist der Begriff „Revolution" eher negativ besetzt, bedeutet Umsturz, Unruhe, Einschränkung, Aufstand, Krieg. Franzosen haben ein positives Verhältnis zu Revolutionen, der Begriff ist für sie verbunden mit Erneuerung, Aufbruch, Neuanfang, Verbesserung, Selbstbestimmung, Demokratie.

Es gab viele weitere interessante Leute und Szenen zu sehen mit Königen und Ministern, mit zeitgenössischen Politikern - selbst Schröder und Putin waren schon dabei -, mit französischen Fußballstars sowie Filmstern und -sternchen. Wer schon zu Lebzeiten ins Wachsfigurenkabinett Einzug hielt, konnte sich dort selbst bewundern, wie es ein Video zeigte, in dem Michael Jackson sich sozusagen selbst gegenüberstand; nun weilt er inzwischen unter den Toten.

In einem Saal studierte ich die Szene eines Festes in Schloß Malmaison mit Napoleon und seiner Frau Josephine und vielen weiteren Figuren aus ihrem Umfeld. Alles ist geschichtsgetreu dargestellt, Kleidung, Schmuck, Frisuren, Musikinstrumente, Möbel. Aber nicht alle Personen sind so gut gearbeitet, daß man sie auf Anhieb erkennt - falls man sie überhaupt kennt.

Zum Wachsfigurenmuseum gehört auch der „Palais des Miracles" (Palast der Wunder), ein vieleckiger Raum mit Gewölbedecke, der rundum ab Schulterhöhe mit Spiegeln ausgestattet war. Sie schienen den kleinen Saal ins Unendliche zu vergrößern und vermitteln mit Säulen, Tanzfiguren unter kleinen Baldachinen, Elefantenköpfen, Schlangen und exotischen Pflanzen den Eindruck einer Zauberwelt. Viertausend Lampen mit wechselnder, vielfarbiger Beleuchtung veränderten immer wieder den Eindruck, ebenfalls ein zweifacher Wechsel der Szene, einmal hin zu einem Dschungel mit erleuchteten Schmetterlingen und Sternen, Blitz und Donner sowie zum anderen zu fernöstlicher Palastbeleuchtung mit zierlichen Frauen aus Japan, Bali, Hawaii, Afrika und Indien. Das alles wurde mit passenden Geräuschen oder Musik untermalt, und ich konnte mir gut vorstellen, wie dieses Spektakel vor über hundert Jahren auf die Menschen gewirkt haben muß, als sie noch nicht überfrachtet waren mit Bildern fremder Welten, wie wir es heutzutage sind. Denn dieser kleine Spiegelpalast stammt aus dem Jahr 1900 von der damaligen Weltausstellung und wurde 1906 hier im Musée Grévin installiert. Wer sich jedoch noch ein wenig die Fähigkeit zum Staunen bewahrt hat - das waren vor allem die Kinder -, ist auch heute noch beeindruckt.

Auch das kleine, in rotem Samt ausgestattete Theater aus dem Jahr 1900, das unter Denkmalschutz steht, bekommt seinen besonderen Reiz unter anderem durch die großen seitlichen Spiegelwände. Hier sahen wir eine faszinierende Zaubervorführung mit einem Bauchredner. Wir waren richtig enttäuscht, daß sie schon nach fünfzehn Minuten zu Ende war.

Königstreue

Meine Freundin Mary war ganz erfüllt von ihren Erlebnissen. Sie erzählte mir von ihnen lebhaft und immer wieder ungläubig den Kopf schüttelnd. Wir standen bei einem Empfang, jedoch etwas abseits von den anderen Gästen, denn niemand anderes sollte etwas von Marys Bericht hören.

Der einundzwanzigste Januar, so erzählte sie, sei bekanntlich der Jahrestag der Hinrichtung des französischen Königs Ludwigs XVI., und für eine kleine Gemeinde von Königstreuen sei er immer noch Feiertag. Sie fänden sich aus diesem Anlaß noch immer zusammen.

Mary hatte eine solche Versammlung von Leuten, die sie zu ihrem Freundeskreis zählte, gerade erlebt an einem unauffälligen

Ort im Untergeschoß eines Cafés. Scheinbar trafen sie sich hier als Chormitglieder, sie sangen eben gern.

Aber schon die Räumlichkeiten für diese Zusammenkunft empörten Mary. An der Wand gab es ein Bildnis von Jeanne d´ Arc, Johanna, der Jungfrau von Orléans, das durch seine schiere Größe und die sieghafte Gestik der französischen Nationalheldin bei ihr Ärger erregte.

Im sogenannten Hundertjährigen Krieg hatten die französischen Truppen im Jahr 1429, durch Johannas Ausstrahlungskraft und Begeisterung angefeuert, endlich einen Sieg gegen die Engländer errungen, deren Belagerung von Orléans durchbrochen und den neuen französischen König Karl VII. zu seiner Krönung ins befreite Reims geleitet. Diese Ereignisse hatten großen Anteil an der Entstehung eines französischen Nationalgefühls.

Mary ist Engländerin. Sie fühlte sich provoziert, nicht so sehr durch die jahrhundertezurückliegenden Ereignisse als vielmehr durch die Tatsache, daß es immer noch ein Grüppchen von Franzosen gab, das selbst im Zeichen der „Entente Cordiale" diese Art von Nationalgefühl demonstrierte. Die bündnisähnliche Beziehung zwischen England und Frankreich seit der Verständigung über nordafrikanische Kolonialfragen im Jahr 1904 hatte nun immerhin schon ihr hundertjähriges Bestehen gefeiert.

Auch die Verbindung von Nationalismus, Royalismus und strengem Katholizismus störte Mary.

Ihrer Meinung nach äußere sich der Nationalismus ihrer französischen Freunde in deren Anhängerschaft zu Le Pen, dem Führer des ultrarechten Front National, einer nicht unbedeutenden politischen Partei im System der französischen Demokratie.

Die streng katholische Einstellung ihrer royalistischen Bekannten werde durch gelegentlich im Gespräch geäußerte kleine Nebenbemerkungen deutlich. Auch das gefiel Mary nicht sonderlich; England hatte sich schon 1533 unter König Heinrich VIII. vom Papst losgesagt, weil dieser dem königlichen Wunsch nach einer Scheidung nicht nachgekommen war.

Am meisten aber verwunderte, gar empörte meine Gesprächspartnerin - als Engländerin selbst aus einem Land mit einer Monarchie kommend -, daß ihre Freunde („I am very fond of them" - Ich mag sie sehr gerne) nach über zweihundert Jahren dem französischen Königtum nachtrauern und dies zum Ausdruck bringen wie in einer Verschwörung, einem Geheimbund.

Wenn man allerdings nicht gerade am einundzwanzigsten Januar dabei ist, fällt eigentlich nichts Besonderes an Marys Freunden oder ihrer Umgebung auf. Ich kenne selbst einige von ihnen.

Ohne Marys Erzählung und meine damit erzeugten Vorkenntnisse hätte ich deshalb bei einer späteren Gelegenheit kaum wahrgenommen, daß in einem sehr einfachen Speiselokal mit traditioneller französischer Küche, das von einem der erwähnten Royalisten geführt wird, im Untergeschoß ein Vorhang mit eingewebten Lilien hängt, dem Emblem des bourbonischen Königshauses. Auch das kleine Gemälde von einem Mitglied der königlichen Familie wäre mir unter der Vielfalt der alten und modernen Bilder nicht aufgefallen.

Man sieht diese Dinge in Frankreich zuhauf, in Schlössern oder Museen; natürlich, sie gehören zur französischen Geschichte.

In einer mehr oder weniger privaten Umgebung können sie aber offenbar doch zu denken geben.

Ich hatte mir statt dieser schlichten Leute unter Royalisten allerdings eher Mitglieder einer elitären Bevölkerungsschicht vorgestellt. Mary aber wußte, daß einige ihrer Freunde Nachkommen von Dienstpersonal am französischen Hof sind.

Wenn man selbst Aktivitäten Königstreuer erleben möchte, ist dies entweder am einundzwanzigsten Januar, dem Todestag

Ludwigs XVI., oder am sechzehnten Oktober, dem Hinrichtungstag von Königin Marie Antoinette, auf der „Place de la Concorde" möglich.

Dort bauen sie an der Stelle, wo der König enthauptet worden sein soll, einen kleinen Altar auf und halten Gedenkgottesdienste ab. Sie bieten allerlei „königlichen" Schnickschnack an: Aschenbecher, Ansteckenadeln usw., alles versehen mit der bourbonischen Lilie.

Sollte man sich so etwas kaufen, muß man jedoch vorsichtig sein bei der Entscheidung, wem man es zeigt.

Eine Bekannte bat mich um einen Aschenbecher, weil sie gerne rauchen wollte. Sie wies diesen aber leicht verärgert zurück, als sie sah, daß er mit einer Lilie bemalt war. Sie sei schließlich Republikanerin. Dabei hatte es sich nicht um die bourbonische Lilie gehandelt, sondern um ein eigentlich harmloses Blumenbild.

An einem einundzwanzigsten Januar fanden wir in einer der Pariser Zeitungen eine kleine Anzeige: „Gedenkgottesdienst in der Sühnekirche um 12 Uhr 30."

Die kleine Kirche (Eglise Expiatroire) am Boulevard Hausmann war, als wir dort ankamen, bis auf den letzten Stehplatz besetzt, auch auf dem Vorhof zur Kirche standen noch viele Menschen in der Kälte. Manche trugen einen Schal mit der bourbonischen Lilie. Nach einiger Zeit fuhr eine schwarze Limousine mit verdunkelten Scheiben vor. Zwei schwarzgekleidete Herren stiegen aus dem Heck des Wagens und öffneten die Beifahrertür für eine schlanke, sehr elegant gekleidete alte Dame und geleiteten sie in die Kirche. Dort stand unmittelbar vor dem Altar für sie der einzige Stuhl bereit. Nun konnte der Gottesdienst beginnen; die Dame war offenbar eine Angehörige des ehemaligen Königshauses.

Ich erinnere mich nicht mehr an Einzelheiten des Gottesdienstes, aber ich erinnere mich sehr genau an sein Ende. Der Priester sagte mit erhobenen Armen: „Der König starb am

21. Januar 1792 um dreizehn Uhr zwanzig." Er sah auf seine Uhr. „ Ich aber sage euch heute am 21. Januar um dreizehn Uhr zwanzig: Vive le Roi!" Es lebe der König!

Beim Adel in Breteuil

Dieser letzte Samstag im Oktober war wie ein Geschenk. Die Luft war kühl, frisch und prickelnd wie Champagner, die Sonne umschmeichelte mild die Haut. Der wolkenlose Himmel über den Baumriesen und den Teppichen von wilden, rosafarben blühenden Alpenveilchen im dichten Rasen strahlte tiefblau.

Am Ende der baumbestandenen Auffahrt zeigte sich das Schloß in hellem Stein und roten Ziegeln hinter halbkugelförmig geschnittenen Büschen und Bändern von niedrigen trapezförmig geschnittenen Hecken. Im Schloßgraben ruhte eine Herde weißer Hirsche. Es war einer der herrlichen Herbsttage, die man gerne für immer festhalten möchte.

Die Kinder auf dem vielseitig angelegten Spielplatz kreischten vergnügt, und am Crêpestand glühten die Backplatten.

Im Wald hinter dem Schloß, wo die Wege steil bergab zu zwei Teichen führen, roch es nach feuchtem Laub, moderndem Holz und erntereifen Pilzen. Zu Recht stehen hier Park und Wald unter Naturschutz.

Auch das Innere des Schlosses der Barone von Breteuil wirkte heiter und lebendiger als manches königliche Prunkschloß.

Die Repräsentationsräume im Erdgeschoß sind kleiner als anderswo, aber sie sind noch geprägt von den Beziehungen der Schloßherren zu verschiedenen Königshäusern.

Mit dem französischen Königshaus hielten die Kontakte bis zu dessen Untergang; mit dem englischen dauerten sie bis ins zwanzigste Jahrhundert, als der englische König Edward VII., der Diplomat unter den englischen Königen, hier 1904 den Vertrag der „Entente Cordiale" zwischen England und Frankreich aushandelte.

Im ersten Stock, in den zahlreichen Privaträumen, waren nicht nur - wie in vielen Schlössern üblich - Möbel, Bilder und Erinnerungsgegenstände zu sehen, sondern es sind auch historische Szenen, die sich in diesem Schloß abgespielt haben, mit Wachsfiguren nachgestellt.

Ludwig XVI. unterschreibt in Gegenwart von Marie Antoinette das Urteil für den Kardinal von Rohan, um die furchtbare sogenannte Halsbandaffäre seiner Frau zu beenden, welche diese, obwohl unschuldig, beim Volk endgültig in Mißkredit gebracht hatte. Der Marquis von Breteuil, Minister Ludwigs XVI., steht als Zeuge für die Unterschrift dabei, und seine echte Aktentasche liegt neben der Wachsfigur.

Ein weiterer Raum zeigt Ludwig XVIII., Bruder des sechzehnten Ludwig.

Er sitzt als Wachsfigur im Rollstuhl, in seinem echten Rollsessel, dessen Räder so geschickt verdeckt sind, daß das Gefährt nicht wie der Stuhl eines Kranken, sondern eher wirklich wie ein kaiserlicher Ledersessel aussieht. Der einen Meter neunzig große und sehr schwere König litt an Gicht; in der dargestellten Szene studiert er in Gegenwart zweier Vorfahren der heutigen Familie von Breteuil eine Landkarte.

Im sogenannten Blauen Zimmer ist der vorhin erwähnte König Edward VII. als junger Prinz von Wales nochmals dargestellt; er war mit der Familie derer von Breteuil gut befreundet.

Im Grünen Zimmer finden wir den Dichter Marcel Proust sehr lässig im Morgenmantel auf seinem Himmelbett liegen und an einem seiner berühmten Werke schreiben. Er war um 1900 Gast im Schloß und beschreibt den Marquis von Breteuil in einem Roman als „Marquis de Bréauté".

Dieses Gästezimmer des Dichters wird auch als „chambre de laque" bezeichnet, da es mit kostbaren chinesischen Lackschränkchen ausgestattet ist.

Es gibt im Schloß mehrere Bibliotheken, die unter anderem Bücher von und über Gabrielle-Emilie von Breteuil enthalten, eine der sehr gebildeten und intelligenten Frauen des Hauses Breteuil, die bei der Führung als Muse Voltaires bezeichnet wurde. Er sagte später von ihr: „Sie war ein großartiger Mensch, dessen einziger Fehler es war, eine Frau gewesen zu sein."

Sie wird auf einem der Bilder mit Stechzirkel dargestellt, einem Zeichen für ihr naturwissenschaftliches Talent.

Nach der Besichtigung des hübschen kleinen Musikraumes mit vergoldeten Sesseln, deren gestickte Sitze wegen der damals sehr voluminösen Kleider der Damen besonders breit sind, stießen wir auf die größte Kostbarkeit des Schlosses: den sogenannten Tisch von Teschen, ein Meisterwerk deutscher Juwelierkunst aus Dresden.

Mit hundertachtundzwanzig einzeln numerierten Edel- und Halbedelsteinen sowie eingelegtem versteinerten Holz, in der Mitte der Tischplatte und an vier Seiten mit fünf kleinen Bildern aus Meissner Porzellan versehen, ist er ein wahres Kleinod in der Schatzkammer des Schlosses. Der Baron nannte ihn „kostbarer als mein ganzes Schloß", nicht nur wegen seiner kostbaren Materialien, sondern vor allem, weil er Symbol eines bedeutenden historischen Ereignisses ist.

Der Tisch von Teschen ist ein Präsent der österreichischen Kaiserin Maria Theresia und ihres mitregierenden Sohnes Joseph II. an den Baron von Breteuil. Es war Ausdruck ihres Dankes für dessen Vermittlung in ihrem Konflikt mit dem preußischen König Friedrich dem Großen. Der Friede von Teschen beendete 1779 den Bayerischen Erbfolgekrieg.

In einer Vitrine befindet sich außerdem eine aus böhmischem Glas gefertigte Reproduktion des berühmten, sündhaft teuren, diamantenen Skandalhalsbandes, das angeblich Marie Antoinette in Auftrag gegeben hatte.

Um das Schloß in Privatbesitz halten zu können, gab der jetzige Eigentümer seinen Beruf als Rechtsanwalt in Paris auf, zog selbst in einen Nebentrakt des Schlosses und mußte sich etwas einfallen lassen, um an Geld für den Unterhalt des schönen Anwesens zu kommen.

Das ist ihm offenbar gelungen, denn das Schloß steht nun für Seminare und Workshops zur Verfügung. Außer Wochenendspaziergängern suchen sich insbesondere Familien mit Kindern rund ums Jahr das Schloß als Ausflugziel aus ebenso wie Hochzeitspaare, die sich in der Schloßkapelle trauen lassen. Die Schloßherren von Breteuil haben von alters her das Recht, in ihrer Kapelle Trauungen vorzunehmen.

Auch für Kinder hat der heute lebende Marquis einiges getan. Es sind nämlich im Park wie in einigen Nebengebäuden des Schlosses allerlei Märchenszenen dargestellt, im Waschhaus zum Beispiel das Märchen von der Eselshaut oder im Obstlagerkeller das Märchen vom kleinen Däumling und seinen Brüdern, im Puppenhaus das Märchen von Rotkäppchen, und im Untergeschoß des Schlosses schlafen Dornröschen und der es umgebende Hofstaat.

Das Ganze ist kein billiger Vermarktungstrick, sondern hat gute historische Gründe. Charles Perrault, der - wie bei uns die Brüder Grimm - diese Märchen gesammelt und aufgeschrieben hat, war als Jurist in Diensten der Herren von Breteuil.

Abgesehen vom schlafenden Dornröschen geht es im Untergeschoß sehr „lebendig" zu.

Das Personal des Schlosses sowie Butler und Fahrer König Edwards sitzen naturgetreu in Wachs gearbeitet um den großen gedeckten Tisch. Der Koch hat gerade die Nachspeise fertig, die unseren Hochzeitstorten ähnelt, und die Marquise hat soeben die Küche betreten, um sich beim Personal für das gelungene Menü zu bedanken.

Alte Eisschränke, Weinregale und Gerätschaften, die ihre Funktionen noch anschaulich erkennen lassen, lohnen ebenfalls einen Rundgang durch die verschiedenen Küchenräume.

Hiermit nehmen die Sehenswürdigkeiten aber noch lange kein Ende.

Neben dem Schloß befindet sich eine Eisgrube. In einen Hügel gegraben und von dichten Bäumen beschattet, befindet sich hinter einer schweren Türe ein tiefes Loch zum Aufbewahren von Eis, das man im Winter in dicken Platten vom Teich holte und hier als Vorrat für den Sommer monatelang lagern konnte, um es dann für die Eisschränke in der Küche zu verwenden.

In der Halle für Wagengespanne stehen noch Kinderkutschen, die von Ziegen gezogen wurden, ebenso wie Pferdeschlitten und spezielle Wagen, mit denen man die großen Pflanzenkübel zu Beginn des Winters aus dem Freien in die Orangerie befördern konnte.

Hinter dem Schloß strahlt in blendendweißem Anstrich der mittelalterliche Taubenturm, in dessen Nischen nach unserer Schätzung fast 3500 Vogelpaare Platz gehabt haben müssen.

Taubenbesitz war ein Vorrecht adeliger Herren, und die Anzahl der Tauben, die ein Schloßherr halten durfte, ließ auf die Größe seines Besitzes schließen. Im Taubenturm erfährt man, welch wichtige Rolle Tauben früher gespielt haben: allein am französischen Königshof wurden bis zu vierhundert dieser Vögel für die Mahlzeiten benötigt - pro Tag!

Das gepflegte und schöne Anwesen von Breteuil ist für jeden Besucher eine Freude. Ein ganzer Tag genügt kaum, um alles zu sehen und zu genießen.

Eines Tages zeigten Hans und ich auch unseren Kindern und Enkeln das Schloß, als sie bei uns in Paris zu Besuch waren. Natürlich war dann für die Kleinen auch als Höhepunkt ein Picknick im Park vorgesehen, trotz ungemütlichen Wetters. Als die Baronin uns dort ein wenig frierend sitzen sah, lud sie uns zum Aufwärmen zu Kaffee und heißer Schokolade in ihre Küche ein. Wir unterhielten uns ganz locker, Baron und Baronin erzählten über die Geschichte ihres Schlosses, über Arbeit und Aktivitäten rund um ihr herrschaftliches Anwesen, und wir freundeten uns ein wenig an. Einige Monate später führte der Baron mich mit den Damen meines Zonta-Clubs höchstpersönlich durch das Schloß und genoß mit uns die Nachspeise unseres Picknicks, für das er uns, da es leicht regnete, großzügig einen seiner Räume zur Verfügung gestellt hatte. Unsere norddeutsche Rote Grütze mit flüssiger Sahne schmeckte ihm bestens. So entstand hier im Kleinen eine deutsch-französische Freundschaft.

Auf den Spuren des Jugendstils

Wenn ich mich, aus unserem Haus tretend, nach links wandte, sah ich sogleich in der Avenue Rapp ein schönes, im Jugendstil gebautes Haus.

Diese Kunstrichtung hatte in Europa mehrere Schwerpunkte; dazu gehörten Wien, Darmstadt und eben Paris.

In der französischen Hauptstadt begegnet man ihr an vielen Stellen. Sie hat unter anderem typische Hausfassaden hervorgebracht, U-Bahnstationen, Geländer und Straßenlaternen. In Frankreich ist mit ihr untrennbar der Name des Architekten Hector Guimard verbunden.

Um die Wende vom 19. zum 20. Jahrhundert baute er als junger Mann in der Rue Mozart 122, Ecke Villa Flore nicht nur sein eigenes Haus in diesem Stil mit Büros, Wohnräumen und einem Maleratelier für seine Frau, sondern er entwarf auch die Häuser zahlreicher Kaufleute, denen die dekorative, geschwungene und teils überschwengliche Bauweise aus vielerlei Materialien gefiel.

Beim Spaziergang durch das Village d´Auteuil im sechzehnten Arrondissement gibt es besonders viele Gebäude im Jugendstil zu sehen, der in Frankreich und international „Art Nouveau" (Neue Kunst) genannt wird.

In der Rue La Fontaine Nr. 14 wurden für die Hausfassade - typisch für viele Jugendstilhäuser in Paris - vier unterschiedliche Baustoffe verwendet, weiße Naturblocksteine, rotgebrannte Ziegel, Mühlkalkstein (pierre meulière) und glasierte Fliesen. Das Verfahren zur Herstellung vielfarbiger Glasuren auf den Fliesen hatte man erst 1866 von den Japanern gelernt und in Frankreich eingeführt.

Der in der Hausfassade verwendete Naturstein zeigt, daß Auteuil damals noch ein Dorf (Village d´Auteuil) außerhalb der Stadt Paris war, denn die Verwendung dieses rustikal wirkenden Steins war innerhalb der Stadt verboten.

Auffallend an diesem Gebäude sind die türkisfarbenen schmiedeeisernen Gitter in vielerlei Formen. Sie waren durchaus nicht nur als rein dekorative Elemente gedacht, sondern erfüllten zum Teil wichtige funktionale Aufgaben. Die netten Seepferdchen an der linken Seite des Hauses zum Beispiel sind große Nagelköpfe.

Besonders schön und sehenswert sind die bilderreichen Fenster des Hauses, die eine Anleihe mittelalterlicher Kirchenfenster sind. Das Dach - von der Seitenstraße „Hameau Béranger", aus gesehen - erinnert an mittelalterliche Lagerhäuser in Holland, Belgien oder Norddeutschland.

Immer wieder machte uns unser Stadtführer Claude auf den Einfluß der Japaner aufmerksam.

Japan hatte sich nicht lange vor der Jahrhundertwende erstmalig Europa geöffnet und Einfluß gewonnen auf europäische Künstler. Claude Monet z.B. sammelte japanische Holzschnitte, van Gogh war zeitweilig vom japanischen Schintoismus beeinflußt.

Die Franzosen hatten endlich den Schock des verlorenen Krieges gegen Preußen (1871) überwunden. Sie durften ab 1878 wieder französische Flaggen zeigen, im selben Jahr gab es in Paris wieder eine Weltausstellung.

Man kehrte bis dahin Verstecktes oder Verdecktes wieder nach außen, auch in der Kunst. So wurden zum Beispiel Wasserrohre außen verlegt, die, ebenso wie manche Fassadensteine, stilisierte Schmetterlinge und andere Insekten darstellen.

Die Fenster des Hauses Béranger lassen erahnen, welche Räume sich dahinter befinden. So folgen die Fenster des Treppenhauses der Aufwärtsrichtung der Stufen. Auch wo die Küchen sind, erkennt man von außen, denn die Belüftungsgitter für die warme Küchenabluft sind bewußt so gestaltet, daß sie ins Auge fallen.

Nicht alle Franzosen schätzten damals die Jugendstilarchitektur. Viele möchten auch heute nicht in einem solchen Haus wohnen.

Der Jugendstil war für viele ein „style nouille" (Nudelstil). Das Haus Béranger, so benannt nach seinem Investor, wurde mit einem Wortspiel „dérangé" (unordentlich) genannt.

Auf der Rue La Fontaine (Nr. 17) an der Kreuzung zur Rue Gros befindet sich ein großes Eckgebäude im Jugendstil, dessen Fassade in stumpfem Winkel an beiden Straßen liegt. Zusammen mit den Seitenwänden umschließt es nach hinten einen nur kleinen Hof: damals wurde damit geworben, daß „kein Zimmer zum Hof" geht, man wünschte sich die Zimmer zur Straße, dem Leben zugewandt. Man zeigte sich wieder und wollte gesehen werden, und man schätzte Sonne, Licht und gute Belüftung.

Heutzutage wohnt man an dieser Straßenkreuzung ziemlich laut.

Ein weiteres Haus auf der Rue la Fontaine, ein Einfamilienhaus, wurde 1911 von Guimard für einen Freund gebaut. An der linken Seite befindet sich ein Turm mit der Treppe für die Hausangestellten, rechts der repräsentative

Eingang für die Familie. Wir sahen Fotos vom Inneren des Hauses, mit einem großartigen Treppenhaus und offenen Galerien im ersten Stock. Schade, daß wir das Haus nicht von innen besichtigen konnten.

Für jeden sichtbar sind aber die schönen, von Hector Guimard entworfenen Jugendstileingänge zur Metro, zum Beispiel an der Station „Abbesses" unterhalb des Mont Martre oder den Stationen „Cité" neben den Jugendstilhallen des Blumenmarktes und „Saint-Michel", beide im Stadtteil Saint-Germain-des-Prés, ebenso wie an den Stationen „Rome" und „Monceau" der Metrolinie 2.

Hübsch sind einige alte Straßenschilder, wie zum Beispiel die der Rue Agar.

Auch in der Rue Jasmin sind mehrere Häuser im Jugendstil zu bewundern, eines von ihnen versehen mit griechischen Karyatiden, Säulenjungfrauen.

Sein letztes Haus hat Guimard auf dem Square Jasmin (Nr. 3) im Jahr 1922 gebaut, als die Zeit des „Art Nouveau" eigentlich schon vorbei war.

Bei der UNESCO

Meine Freundin Rosemary hatte eine Besichtigung für elf interessierte Frauen aus neun verschiedenen Ländern bei der UNESCO, der UNO-Unterorganisation für Erziehung, Wissenschaft und Kultur (**U**nited **N**ations **E**ducational, **S**cientific and **C**ultural **O**rganization) organisiert. Durch die UNESCO und andere internationale Organisationen wie z.B. die ESA (Europäische Weltraumorganisation) sowie die zahlreichen Botschaften in der Hauptstadt kommt es, daß in der Stadt auffallend viele Autos mit besonderen Nummernschildern fahren - orangeroten Ziffern und den Buchstaben CD oder CMD auf grünem Grund. Es sind Nummernschilder von

Diplomaten, wobei das M auf den „Chef de Mission Diplomatique" weist.

Von oben, zum Beispiel vom Eiffelturm oder vom Turm Maine-Montparnasse aus, kann man das UNESCO-Gebäude immer leicht ausfindig machen, da es im Grundriß die Form des Buchstabens Y hat und somit ins Auge springt. Unter seinem Dach befinden sich außer den Büros ausgedehnte Konferenzsäle, ein Restaurant sowie eine beachtliche Zahl an Kunstwerken.

Für die Eingangshalle schuf Picasso ein großes Wandgemälde, ließ es aber unsigniert aus Ärger darüber, daß eine Treppe den ungehinderten Blick auf sein Werk etwas erschwert.

Im Garten gibt es nicht nur interessante Skulpturen, zum Beispiel von Henry Moore, sondern auch eine riesige symbolische Weltkugel, die lediglich aus Draht zu bestehen scheint. Da das Hauptgebäude längst zu klein für alle Mitarbeiter wurde, baute man auf dem großzügigen Gelände notwendige neue Büros, und zwar unterirdisch, um den Garten nicht zu zerstören. Die Räume haben dennoch Tageslicht dank abgesenkter Plattformen vor den Fenstern.

Sehr schön ist der japanische Garten, in dem im April ein großer Kirschbaum zartrosa blüht; mit seinen herabschwebenden Blütenblättern überzieht er die Wege und Gewässer.

Von hier aus schlendert man zum kleinen „Turm der Meditation"; dorthin können sich Mitarbeiter zeitweilig zurückziehen. Wenn man genau in der Mitte des Turms steht, hört man seine eigene Stimme um ein Vielfaches verstärkt. Hier sich möglichen Ärger über seinen Chef oder seine Kollegen von der Seele zu reden, ist sicher besonders wirkungsvoll für das eigene Wohlbefinden, hier zu singen noch viel schöner als zu Hause in der Badewanne.

Die UNESCO versteht sich als das „internationalste" Haus in Paris. Denn es wurde nicht nur von Architekten aus drei Ländern, den USA, Italien und Spanien, konstruiert, sondern die UNESCO vertritt rund einhundertneunzig Länder der Welt.

Eine Dame aus Simbabwe erläuterte uns die Aktivitäten und Möglichkeiten der Organisation, aber auch ihre Schwierigkeiten. Die USA zum Beispiel, ein potentieller Geldgeber, sind nicht Mitglied, schicken lediglich Beobachter zu den alle zwei Jahre stattfindenden Generalversammlungen.

Mit einem vergleichsweise bescheidenen Jahresbudget von etwa zweihundertsechzig Millionen Dollar werden vor allem unterentwickelte Länder sowie Frauen und Jugendliche unterstützt: Schulen arbeiten zusammen mit der UNESCO an Drogenprojekten, brasilianische Straßenkinder bekommen Hilfe. Die Erziehung zum richtigen Umgang mit Sex, sprich zur Verhütung von Aids, ist auch der UNESCO - neben der Weltgesundheitsorganisation WHO - ein Anliegen. Mit finanzieller Unterstützung durch die UNESCO ist die Verleihung des Titels „Welterbe" hingegen nicht verbunden.

Genannt wird die UNESCO vor allem in Zusammenhang mit dem Weltkultur- und Weltnaturerbe.

Seit Mai 2001 gibt es etwas Neues: außer Gebäuden und Naturschönheiten wurden in die Liste des Welterbes auch mündlich überlieferte und nicht greifbare, nicht tastbare Werke als schützenswerte Güter aufgenommen, „des oeuvres orales et intangibles".

Aus zweiunddreißig hierzu eingereichten ersten Vorschlägen wurden nach den strengen Maßstäben der Organisation neunzehn Traditionen, Rituale, historische Theateraufführungen, Choreographien und musikalische Gestaltungen ausgewählt, und jedes Jahr kommen neue hinzu, deren Erhalt als von besonderer Bedeutung für die Menschheit angesehen wird.

Dazu gehören zum Beispiel die japanischen Nôgaku-Theateraufführungen, die chinesische Operntradition, das sizilianische Puppentheater, der Andenkarneval von Oruro, Gregorianische Gesänge des Mittelalters, die Welt der Geschichtenerzähler, Musiker, Marktschreier und Quacksalber auf dem Platz der Henker (Djamaa al Fna) in der marokkanischen Stadt Marrakesch sowie mündliche und musikalische Überlieferungen mehrerer afrikanischer Gemeinschaften.

Rosemary als Journalistin hatte die Aufgabe, in kurzen Berichten die vorgeschlagenen Kulturgüter zu beschreiben, um sie bei der UNESCO in einer Pressekonferenz bekanntmachen zu können. Eine interessante Aufgabe! Das UNESCO-Gebäude steht übrigens jedem offen, und man kann sich dort jederzeit selbst umschauen und Informationsmaterial einholen.

Im Club

Ich schwebte noch ganz entspannt in der Atmosphäre des Vorabends. Es war zum ersten Mal in diesem Jahr so warm gewesen, daß wir draußen sitzen konnten, und wir taten es, Jean-François, Catherine, Hans und ich.

Wir saßen auf der großen geschützten Terrasse eines Hauses, das sich zwischen der britischen und der japanischen Botschaft befindet, mit Blick in die Tiefe des Gartens, der bis zu den Champs Elysées reicht.

Die Kellner eilten unauffällig um uns herum, der Himmel färbte sich rosa hinter vereinzelten Wölkchen, die Gespräche ringsum schienen entspannt und heiter, Handys mußten ausgeschaltet sein.

Wir saßen im „Cercle de l'Union Interalliée", der hervorgegangen ist aus dem Club für die Offiziere der Alliierten nach dem Ersten Weltkrieg. Interessant ist, daß es auch Damen als Mitglieder gibt. Anders als englische Männer, die in ihren Clubs unter sich sein wollen, lieben die Franzosen überall die Gesellschaft eleganter, geistreicher und attraktiver Frauen.

Catherine als äußerst charmante und aufgeschlossene Frau, praktizierende Chirurgin, konnte deshalb ohne weiteres Mitglied im Club sein.

Wir waren Gäste von Jean-François, einem der liebenswürdigsten und interessantesten Franzosen, die wir kennen, dabei sehr natürlich und spontan. Er ist Rechtsanwalt und macht in seiner Sozietät Verträge zwischen Ausländern und Pariser Institutionen, zum Beispiel zwischen Dirigenten mit ihren Ensembles und den Pariser Opern- und Konzerthäusern.

Zurück zum Club! Jean-François zeigte uns vor dem Essen die Räumlichkeiten. Das Haus ist ein „Hôtel Particulier", einer der vielen privaten Stadtpaläste, die im neunzehnten Jahrhundert von wohlhabenden Bürgern der Stadt gebaut wurden.

Den Club betritt man nicht unmittelbar von der Straße aus, der Rue St. Honoré - nach außen zeigt man sich bescheiden -, sondern über einen großen Hof, wo der „voiturier", der Wagenmeister, die Autoschlüssel übernahm, um irgendwo den Wagen zu parken und, wenn nötig, umzurangieren.

Vorbei ging es am „accueil", dem Empfang, in die vielen kleinen und großen Salons, mit viel vergoldetem Stuck, üppig drapierten kostbaren Vorhangstoffen, Büsten und Bildern verdienter Persönlichkeiten, hohen Theken voller Gläser und Champagnerflaschen, bequemen Clubsesseln mit niedrigen Tischchen auf Parkett und Orientteppichen.

Wir gingen zunächst in das Untergeschoß, wo uns ein weiträumiges Fitneßzentrum gezeigt wurde, mit großem Schwimmbad, das sich unter dem Garten befindet, mit Sauna, drei Squashplätzen und Krafttrainingsraum, alles betreut von ausgebildeten Trainern und geöffnet bis spätabends, sieben Tage die Woche.

Im Obergeschoß gab es gerade ein Konzert. Wir wollten dort nicht stören und gingen in den Garten, um uns gemütlich zu unterhalten und köstlich zu essen, oder vielleicht sollte ich besser sagen, um zu speisen oder zu dinieren. Es ist das alles aber durchaus nicht hochgestochen, sondern einfach nur elegant, entspannt, in einer angenehm ruhigen und freundlichen Atmosphäre nach einem für viele oft hektischen Arbeitstag.

Es war einfach interessant, einmal einen Einblick in das private gesellschaftliche Umfeld wohlsituierter Franzosen zu bekommen.

Ein öffentlicher Tresor

Wir hatten beschlossen, vor dem Sommerurlaub unsere wenigen Pretiosen und einige Papiere in einem Tresor zu deponieren. Nicht nur Banken vermieten Schließfächer, sondern in Paris gibt es offenbar - anders als in Deutschland - auch einen öffentlichen Tresor, einen „Trésor public". Beim Einkaufen kamen wir häufig dort vorbei; das Gebäude wirkte sehr solide und ziemlich abweisend, fast schon bunkerartig. Im Erdgeschoß gab es keine Fenster, und in den oberen Stockwerken waren die Fenster verspiegelt. Der Haupteingang war immer verschlossen, und ein Schild verwies auf einen schmalen Nebeneingang in einer kleinen Nebenstraße. Dort standen auch die kurzen Öffnungszeiten angeschrieben.

Ich ging also vor den Ferien dorthin, um mich nach den Bedingungen zu erkundigen, unter denen wir dort unser Hab und Gut hätten sichern können.

Ich fand hinter dem Nebeneingang einen halbdunklen Flur und dort hinter einem Glasfenster einen gelangweilten jungen Schalterbeamten. Ich ging zögernd auf ihn zu, denn ich mußte mir noch ein paar französische Sätze zurechtlegen. Ich fragte ihn, ob es einen Tresorraum gebe, besser noch Einzelfächer, wir wollten gerne eines mieten, um Schmuck, Silber und Papiere zu sichern. Er sah mich verständnislos an, mein Französisch war damals wohl noch ziemlich holperig. Ich versuchte einen neuen Anlauf, kramte meinen besten Wortschatz heraus. Beim dritten Mal schien er mich endlich verstanden zu haben.

Leider war die Antwort abschlägig, nein, sagte er kurz angebunden und, wie mir schien, etwas hochnäsig, das ginge hier nicht. Er gab keine weitere Erklärung. Er schickte noch kurz hinterher, ich könne ja mal bei einer Bank fragen, ehe er sich abrupt abwandte und mich einfach stehen ließ. „Na gut, dann eben nicht", dachte ich und: „Unfreundliche Menschen gibt es überall."

Einige Monate später kam ein Brief von eben diesem „trésor public", den ich im Sommer aufgesucht hatte. Hatten sie jetzt vielleicht doch ein Fach für uns frei? Wir öffneten neugierig den Brief und studierten ihn, oder besser gesagt, das komplizierte Formular, einmal, zweimal, dreimal. Der „trésor public" forderte von uns umgerechnet fast tausend Euro! Das war alles, was wir verstanden. Waren die verrückt geworden? Ich hatte doch gar nichts gemietet! Und selbst wenn - dieser Preis wäre wohl völlig unangemessen gewesen. Woher hatten sie überhaupt Namen und Adresse? Hatte ich die gesagt? Ich erinnerte mich nicht.

Wir studierten das komplizierte Doppelblatt noch einmal, nahmen das große Wörterbuch zu Hilfe. Da stand etwas von „Wohnsteuer", „taxe d´ habitation". Außerdem kamen Vokabeln vor wie „örtlicher Rohwert" und „Mittelwert", „allgemeine Abschläge" und „Sondersteuer für Ausstattung". Wir waren ratlos. Was war das Ganze?

Hans nahm das Schreiben am nächsten Tag mit ins Büro und ließ es sich von einem deutschen Kollegen, der schon viele Jahre in Paris lebte, erklären.

Wir lernten folgendes: Ein „trésor public" ist nicht etwa, wie wir geglaubt hatten, ein öffentlicher Tresor, sondern die

Staatskasse, die Öffentliche Hand! Und diese Staatskasse, der Fiskus, forderte von uns eine kräftige Wohnsteuer.

Jetzt wußte ich, warum der junge Mann am Schalter sich so abrupt abgewendet hatte: Wahrscheinlich wäre er sonst geplatzt - vor Lachen!

Hinter dem Rathaus

Könige und Bettler, Handwerker und Schickeria, Juden und Chinesen, prominente und einfache Leute haben im Laufe der Jahrhunderte das Marais bewohnt, eins der heutzutage besonders attraktiven Wohnviertel von Paris. Hier wurde viel Historisches wieder saniert, so daß es heute wieder eins der „schicken" Viertel der Stadt ist.

Zunächst außerhalb gelegen, war das „Marais", wie der Name besagt, sumpfiges Gebiet; nördlich der Seine gelegen. Es wurde von einer römischen Ausfallstraße, der heutigen Rue Saint Antoine, durchschnitten. Bis 1559 wohnten die französischen Könige an dieser Straße. Von ihren Palästen, dem „Hôtel Saint-Pol" und „Des Tournelles", existiert praktisch nichts mehr. Der Hof zog in den Louvre und das Palais Royal und verlagerte das aristokratische Leben nach Versailles; das Marais verlor an Bedeutung.

Stattdessen zogen Handwerker mit ihren Werkstätten und Krämerläden in die Paläste ein. Die Häuser verfielen mehr und mehr. Nach dem zweiten Weltkrieg wollte man das gesamte Viertel eigentlich abreißen. Kulturminister André Malraux stellte es jedoch unter Denkmalschutz, und so wurden viele der Adelspaläste wiederhergerichtet.

Seit einigen Jahren ist zum Beispiel das Hôtel de Beauvais in der Rue François Miron Nr. 68 wieder zugänglich.

Dort wohnte einige Monate die Familie Mozart mit dem siebenjährigen Wolfgang Amadeus, der damals für Madame de Pompadour kleine Klavierkonzerte gab.

Errichten ließ das schöne Gebäude Catherine Bellier, Ehefrau eines einfachen Händlers von Bändern und Spitzen, gleichzeitig jedoch Erste Kammerfrau der Königin Anne von Österreich, Mutter des „Sonnenkönigs".

Ein Stück weiter westlich auf der Rue François Miron sind noch zwei der wenigen Zeugnisse aus der Zeit vor den Adelspalästen zu sehen, hübsche Fachwerkhäuser aus dem 14. Jahrhundert.

Das Pariser Rathaus wurde, ebenfalls im vierzehnten Jahrhundert, am westlichen Rand des Marais gebaut, wo es nicht wie die anderen Häuser am Fluß mit der Fassade zum Wasser weisend steht, sondern quer dazu. Es schloß so die Stadt nach Osten hin ab, hinter ihm begann das Marais.

Und es stand da, wo die Seine am breitesten ist, wo das Ufer flach war und deshalb die Schiffe anlegen und entladen werden konnten, in unmittelbarer Nähe des Handelshafens.

Der Platz vor dem Rathaus, heute Place de l´Hôtel de Ville, hieß früher Place de Grève (Platz des Sandufers). Hierher kamen beschäftigungslose Männer auf der Suche nach einem Arbeitsplatz. Und wenn sie dort ihre Arbeit, in der Erwartung eines besseren Angebots, einstellten, traten sie „en grève", auf dem Platz des Sandufers „in den Streik".

Die Bedeutung des Platzes war groß, Feste und Hinrichtungen fanden hier statt.

Noch immer gelten die Stadtteile auf der rechten Seineseite als die wirtschaftlich bedeutenden, während sich auf der linken Flußseite die Universität ansiedelte und deshalb mit dem „Quartier Latin" (wo man lateinisch sprach) nach wie vor die „intellektuelle" Seite war.

Hinter dem Rathaus trifft man auf die Kirche Saint-Gervais - Saint-Protais, deren erste Gründung auf einer kleinen Anhöhe das älteste religiöse Gebäude der rechten Seineseite war. Die lange Bauzeit des heutigen Gotteshauses führte zu einer seltsamen Stilvermischung.

Hinter der dreistöckigen Fassade verbirgt sich ein gotischer Innenraum mit der ältesten Orgel von Paris aus dem Jahr 1601, die von dem Komponisten und Organisten an dieser Kirche und gleichzeitig an der Hofkapelle von Versailles, François Couperin, gespielt wurde.

In der Kirche fallen große Löcher in einigen Säulen auf. Sie stammen aus dem Zweiten Weltkrieg, als ein Geschoß die Mauern durchschlug und viele Menschen tötete.

Früher gehörte zur Kirche ein Friedhof, dessen Überreste, Steinkreuze aus der Merowingerzeit, heute in einer Vitrine des nahegelegenen unterirdischen Parkhauses zu sehen sind.

Saint-Gervais - Saint-Protais war Pfarrkirche der benachbarten Handwerker, der Flußschiffer, Fuhrleute und Textilarbeiter.

Heute befindet sich hinter dem Rathaus (in der Rue de l´Hôtel de Ville Nr. 82) das Haus der „Association ouvrière des Compagnons du Devoir du Tour de France", wo bis heute Fahrende Handwerker ein warmes Essen oder eine Unterkunft (bis zu einem Jahr) bekommen können.

Früher mußten sie sich in ihrer siebenjährigen Lehrzeit immer wieder neue Meister suchen, um möglichst viel zu lernen. Sie waren es auch, die die Kenntnisse über den Kathedralbau weitertrugen, von Land zu Land. Wie sonst hätte sich im Mittelalter ihr praktisches Wissen in ganz Europa verbreiten und Anwendung finden können?

Die große alte Ulme vor der Kirche findet ihr Abbild in den Balkongeländern des langgestreckten Gebäudes auf der linken, nördlichen Seite der Kirche. Unter dieser Ulme bezahlten in früheren Zeiten die Bewohner des Viertels ihre anstehenden Schulden.

In der kleinen „Rue des Guillemites" Nr. 10 „nahm der amerikanische Unabhängigkeitskrieg seinen Anfang", wie Stadtführer Claude es formulierte. In diesem Gebäude gründete Beaumarchais ein Handelshaus, in das vorne kleine Handelsgüter wie zum Beispiel bunte Bänder hineingetragen, aus dem Hinterausgang jedoch Waffen hinausgeschmuggelt wurden. Beaumarchais war nicht nur Dichter und Schriftsteller, Publizist und Spekulant, er war auch Geheimagent, der den Unabhängigkeitskampf der Amerikaner mit Waffen unterstützte. Wir sind ihm schon als Autor von „Figaros Hochzeit" begegnet.

Auch in einem anderen Haus in diesem Viertel wurde „große" Geschichte geschrieben. Der schöne Stadtpalast „Hôtel de Soubise", der heutigen „Archives Nationales", gehörte einst dem Duc de Guise, dem Führer der ultrakatholischen Liga. Hier soll die Entscheidung für die Bartholomäusnacht (1572) gefallen sein, die Entscheidung dafür, anläßlich der Hochzeit des hugenottischen Königs Heinrich von Navarra, des späteren Königs Heinrich IV. von Frankreich, alle Hugenotten außer Heinrich selbst niederzumetzeln.

In den Archiven ist das Testament Ludwigs XVI. ausgestellt sowie der letzte Brief Marie Antoinettes vor ihrer Hinrichtung an ihre Schwägerin und Vertraute, Madame Elisabeth.

Ein kleiner Saal ruft Erinnerungen an das Schloß von Chantilly wach, wo es - wie hier - eine „Singerie" gibt, eine Tapete mit Affenszenen. Sie war eine Möglichkeit, Kritik am politischen System zu üben, ohne daß sich jemand direkt angegriffen fühlte. Pikanterweise hat dieser Raum mit Affendarstellungen eine Altarnische, wo Kardinal von Rohan, Prinz de Soubise, Messen zelebrierte. Er war der Kardinal, der in die Halsbandaffäre Marie Antoinettes verstrickt war.

Das Gebäude mit einem halbkreisförmigen Portal und einem großen ovalen Innenhof ist wirklich eines Prinzen würdig. Es soll nicht nur einer der schönsten Bauten von Paris gewesen sein, sondern auch zweiundfünfzig Pferdeboxen enthalten haben, den größten Pferdestall der Stadt.

Gegenüber den Archiven (Rue des Francs-Bourgeois Nr. 55) ist ein runder Turm aus Ziegeln zu entdecken, dessen Grundmauern noch Teil der Stadtmauer aus der Zeit Philippe-Augustes sind, also noch aus dem elften bzw. zwölften Jahrhundert.

Dieser kleine Teil des Marais hinter dem Rathaus ist wohl eins der geschichtsträchtigsten Viertel von Paris.

Der Palast der Kammerfrau

Catherine Bellier, „Dame de Beauvais", war reich an Verehrern und noch reicher an Neidern.

Als Erste Kammerfrau der Königin Anna von Österreich, Gemahlin Ludwigs XIII. und Mutter des „Sonnenkönigs", war Catherine so privilegiert, daß sie sich im Maraisviertel (Rue François Miron Nr. 68) ein eigenes „Hôtel", einen Stadtpalast, bauen lassen konnte.

Er wurde an der Stelle errichtet, an der ein altes Wohnhaus gestanden hatte, das Héloïse im zwölften Jahrhundert dem Kloster Chaalis zum Geschenk gemacht hatte, dieselbe Héloïse, die wir von ihrem Liebesverhältnis mit Abélard kennen. Dieses Haus wurde über schönen, noch heute sichtbaren Kellergewölben errichtet, die der Weinlagerung dienten.

Beim Bau des Domizils für Catherine Bellier im siebzehnten Jahrhundert folgte der Architekt Antoine Lepautre grundsätzlich den damals üblichen Regeln, dennoch sieht das Gebäude anders aus als andere „hôtels" dieser Zeit. Es weist allerlei Besonderheiten auf. Sie sind begründet in Platzmangel einerseits wie auch in Privilegien andererseits.

Die Bauweise folgte damals dem Grundsatz „entre cour et jardin", zwischen Hof und Garten. Das hieß, zur Straße hin gab es im Erdgeschoß Wohnungen für das hochrangige Personal, dahinter betrat man den großzügig angelegten Hof, der rechts und links durch Stallungen und Wirtschaftsräume begrenzt war. Nach hinten schloß der herrschaftliche Wohntrakt den Hof ab. Hierhinter lag der Garten.

Bei dem Palast von Catherine Bellier stellte der Architekt diesen Grundplan nicht gerade ganz auf den Kopf, aber er verlagerte den herrschaftlichen Wohntrakt ins oberste Stockwerk an der Straße.

Catherine verfügte zudem weitere Änderungen, und so kam ein Gebäude zustande, das an der Straßenfront vier Stockwerke hat.

Im Erdgeschoß befanden sich kleine Boutiquen, die vermietet werden konnten. Das war zu damaliger Zeit ungewöhnlich, aber dadurch möglich, da mit ihnen eigene Wasserrechte verbunden waren. Sie hatten einen eigenen Zugang zu einem der im Haus befindlichen Brunnen - heute noch zu sehen.

Die großen und hohen Repräsentationsräume lagen infolge der Planänderung nun darüber im ersten Stock, hierüber der Wohntrakt und ganz oben unter dem Dach die Zimmer der Bediensteten. Man kann diese Einteilung von der Straße aus sehr gut sehen und an der unterschiedlichen Höhe der Räume erkennen.

Es war Herrschaften eigentlich nicht angemessen, Räume zur Straße hin zu haben. Aber waren Catherine und ihr Mann Pierre „Herrschaften"?

Hinter diesem Frontgebäude lag der Hof; er war an der rechten Seite durch Stallungen für achtzehn Pferde, hinten von Remisen für vier Kutschen und einer darüberliegenden Kapelle sowie links durch einen „mur renard" rundum geschlossen. Eine „Fuchsmauer" ist eine Fassade mit vorgetäuschten Fenstern, die bereits an der Grundstücksgrenze steht.

An dieser „Fuchsmauer" ist heute eine Tafel angebracht, die daran erinnert, daß im Jahr 1763 Wolfgang Amadeus Mozart hier gewohnt hat. Er war mit seinen Eltern und seiner Schwester Gast des bayrischen Gesandten Graf van Eyck.

Es gab auch einen Garten; er durfte nicht fehlen, sei er auch nur klein. Er war über den Stallungen angelegt, ein Dachgarten im ersten Stock!

Als Kammerfrau der Königin genoß Catherine deren Vertrauen. Bei einem Fest war Königin Anna unzufrieden mit ihrem Sohn Ludwig und machte sich einige Sorgen, weil dieser sich weigerte, mit der englischen Prinzessin zu tanzen. Die Königin sagte zu ihrer Vertrauten: „Ludwig braucht jemanden, der ihn ins Bild setzt", (déniaiser). Woraufhin Catherine antwortete: „Ich stehe zur Verfügung." Catherine war dreiundvierzig, Ludwig sechzehn Jahre alt, aber sie soll ihn in die Liebe eingeführt haben.

Sie scheint es mit Erfolg getan zu haben, denn erstens war sein späteres Liebesleben bekanntlich ausgeprägt und zweitens blieb sein Verhältnis zu Catherine vertrauensvoll; auch als sie längst eine wirklich alte Frau war, wurde sie vom Sonnenkönig Ludwig immer empfangen.

Außerdem gewährte er ihr als erster Person das Recht, in ihrem Domizil eine „porte-fenêtre" zu bauen. Heute sieht man sie in vielen Pariser Häusern, Fenster, die bis zum Boden führen, sich aber nicht zu einem Garten oder auf eine Terrasse öffnen, sondern lediglich auf einen sehr schmalen Umgang oder Vorsprung. In Deutschland heißen diese bodentiefen Fenster auch Pariser Fenster.

Original erhaltene Reliefbildnisse von Catherine an der Hoffassade ihres Hauses zeigen, daß sie wirklich nicht schön war; daß sie aber ausgesprochen häßlich und einäugig gewesen sein soll, und daß ihr Mann, der sich ebenfalls als Steinrelief fröhlich grinsend an der Hausmauer befindet, nur ein kleiner

Händler von Bändern und Spitzen gewesen sein soll, das waren Beurteilungen, die sie ihren vielen Neidern zu verdanken hatten.

Wieso konnten sich eine einfache Kammerfrau und ein „Bänderhändler" ein so herrschaftliches Wohnhaus leisten? Mit Platz für achtzehn Pferde? Mit schönen Weinkellern in schön gemauerten Gewölben, mit vier eigenen Brunnen und zwei Zisternen? Mit einem großzügig gemauerten Treppenaufgang zu den Repräsentationsräumen? Mit der ersten „porte-fenêtre" von Paris? Eine Frau, die allenfalls aus niederstem Adel war, „Dame de Beauvais"?

Sie war vielen ein Ärgernis.

Ihre - mindestens - fünf Kinder hatten nach ihrem Tod kein besonderes Interesse an ihrem Haus. Es geriet an allerlei Eigentümer, die sich nicht darum kümmerten, und so verfiel es so sehr, daß es lange Jahre als einsturzgefährdet geschlossen war.

Nach sechsjähriger Restaurierung wird es seit 2003 als Verwaltungsgericht genutzt und steht mit vorheriger Anmeldung auch geführten Gruppen zur Besichtigung zur Verfügung. Es lohnt sich.

In Meudon

Der beliebte Vorort von Paris profitiert noch heute von seiner hervorragenden Verkehrsanbindung, die mit dem Bau einer Eisenbahnlinie von Paris hierher im Jahr 1840 begann. In ihrer Folge etablierten sich am Fluß, der Seine, viele Ausflugslokale, wo sich die Pariser an den Wochenenden vergnügen konnten. Selbst während der französischen Revolution wurden sie nicht angetastet; als Orte des Volksvergnügens waren sie in der Atmosphäre des Schreckens unentbehrlich. Dennoch ist leider weder von den Lokalen noch von all den weiteren historischen Bauwerken allzuviel übrig.

Aber ein Blick auf die Geschichte des Ortes lohnt sich trotzdem.

Madame de Pompadour, die Geliebte König Ludwigs XV., ließ sich hier, damals noch inmitten von Weinfeldern, ein Schlößchen bauen, zunächst ein einfaches Gebäude, dem später Seitenflügel zugefügt wurden. Deren Namen geben zu erkennen, welche Räume darin die Hauptrolle spielten, es gab nämlich den „aile de comédie" mit dem Theater und den „aile des bains", also den Badetrakt.

Vom Schloß aus hatte man einen herrlichen Blick auf Paris. Deshalb hieß es Bellevue (Schöner Ausblick), und so heißt jetzt auch, immer noch zu Recht, dieser Ortsteil von Meudon.

Madame de Pompadour muß eine sehr aufgeschlossene Frau gewesen sein. Denn die Maitresse des Königs räumte nicht nur ein Wegerecht mitten über den Schloßhof für jedermann ein - zu der Zeit einmalig in ganz Frankreich -, sie führte auch richtige Regionalentwicklungsprojekte durch und nutzte dabei die Kenntnisse und Fertigkeiten von Ausländern, die sie eigens nach Meudon kommen ließ.

Sie war es nämlich, die die Porzellanmanufaktur von Sèvres begründete, um in unmittelbarer Nähe zu ihrem Schloß - Sèvres grenzt an Bellevue - edles Geschirr, Gläser und Flaschen herstellen zu lassen, von denen noch heute viele im Heimatmuseum zu sehen sind.

Als geschickte Handwerker holte sie zu diesem Zweck Schweizer, Polen, Elsässer, Italiener und Lothringer. Wegen der Nähe zum Fluß wurden auch etliche Wäschereien gegründet, die vielen Frauen Arbeit gaben.

Ludwig XV. ließ in Bellevue nahe der Seine mehrere Eisbunker bauen, denn der Fluß war im Winter zugefroren und lieferte damit dicke Eisplatten. Die unterirdischen Behälter waren zehn Meter breit und in einer Tiefe von zehn Metern angelegt. Im Schutze dieser Höhlen und mit Hilfe der isolierenden Wirkung von Stroh hielten sich die Eisblöcke bis spät in den Sommer hinein.

Einige dieser „Eisschränke" existieren noch, gehören aber jetzt zu Privatgrundstücken und sind deshalb nicht mehr zugänglich. Schade!

Auf der entgegengesetzten Seite von Meudons Zentrum befand sich ebenfalls ein Schloß, in dem sich ein Teil der Geschichte des französischen Königshauses abgespielt hat. Es lag am Treffpunkt mehrerer Täler und wurde immer wieder umgebaut.

Es diente offenbar mehrmals als Geschenk - Kardinal Sanguin schenkte es seiner Nichte, Anne de Pisseleu, der Geliebten König Franz´ I.; Ludwig XIV. schenkte es seinem Sohn, dem „Grand Dauphin"; Napoleon kaufte es und machte es seinem Sohn, dem „Roi de Rome", zum Geschenk.

Die erste Geliebte Ludwigs XV., Herzogin de Berry, bekam in Meudon Grundbesitz vom König, starb allerdings in diesem Ort schon ein Jahr später, nachdem der König sie verstoßen hatte. Ludwig interessierte sich danach nicht sonderlich für sein Schloß, er hielt sich lieber im Bellevue bei seiner neuen Geliebten, Madame de Pompadour, auf.

Der Botschafter von Siam, heute Thailand, und der Botschafter der Türkei hielten sich im königlichen Schloß in Meudon im siebzehnten bzw. achtzehnten Jahrhundert zu Besuchen auf. Ludwig XVI. kam hierher, um von hier aus zur Jagd zu reiten. Sein ältester Sohn starb hier im Alter von zwölf Jahren qualvoll an Tuberkulose.

Welch wichtige Rolle das Schloß in der Geschichte Frankreichs gespielt hat, zeigt auch die Tatsache, daß sich sogar der russische Zar Peter der Große hier aufhielt, ebenso wie der polnische König Stanislas Leczinski, dessen Tochter die Frau Ludwigs XV. wurde. Ihr persönlicher Hofkonditor gründete übrigens in Paris in der Straße Montorgueil das Café Stohrer, das heute noch existiert und in dieser Marktstraße ein Anziehungspunkt für alle Leckermäuler ist.

Nach Königen und Kaisern gehörte das Königsschloß von Meudon der berühmten Familie de Guise, die einen italienischen Garten und eine Grotte anlegen ließ. Jedoch existiert von all dem nichts mehr; es gibt nur noch einen Teil des sogenannten Neuen Schlosses, das gleich neben dem alten gebaut worden war.

Nach einem Brand hat man auf dieses Neue Schloß eine große grüne Kuppel gesetzt; seine Lage oben auf einem flachen Hügel macht es besonders geeignet für astronomische Beobachtungen; es ist noch heute Observatorium.

Aber auch weniger hochherrschaftliche bekannte Persönlichkeiten muß man mit dem Ort Meudon in Verbindung bringen. Die Witwe des berühmten Komödiendichters und Schauspielers Jean-Baptiste Poquelin, genannt Molière, kaufte in Meudon ein Haus, das heute ein kleines Museum ist.

Der Bildhauer Auguste Rodin arbeitete in Meudon.

An der langen begrünten Auffahrt zum früheren Schloßhügel stehen einige hübsche Wohnhäuser. In einem von ihnen lebte in jungen Jahren Richard Wagner und komponierte dort seine Oper „Der fliegende Holländer".

Im Viertel der Babylonischen Gärten

Die Pariser Stadtverwaltung ist stolz darauf, vierhundert „Parks" zu besitzen, von denen die beiden größten, der „Parc de Vincennes" und der „Bois de Boulogne", im Osten bzw. im Westen der Stadt liegen.

Die meisten Parks aber sind winzig - wir würden sie eher als kleine Grünanlagen bezeichnen -, sie bestehen oftmals nur aus ein paar Bäumen über einem Kinderspielplatz am Treffpunkt zweier Straßen oder neben einer Kirche.

Viele dieser kleinen Parks oder großen Gärten gehören zu Ministerien und Botschaften. Deshalb ist das siebte Arrondissement einer der Stadtteile mit dem meisten Grün, denn das siebte ist das Viertel der meisten staatlichen Vertretungen.

Versteckt hinter diesen offiziellen Gebäuden mit ihren oft beeindruckenden Fassaden und den darüber wehenden Flaggen sind Kirchen und deren Gärten. Sie liegen an der „Rue de Babylone" oder in ihrer Nähe; aus diesem Grunde ist das Viertel als das der „Gärten von Babylon" oder auch „Viertel der Religion" bekannt. Die Straße „Babylone" bekam ihren Namen nach dem „Bischof von Babylon", der in Paris eine Missionskirche gründete.

Man kann in diesem Stadtteil einen schönen Spaziergang durch mehrere kleine Grüne Lungen der Stadt machen, aber auch einen Weg „durch die Religion".

Vor der Zeit Ludwigs XIV. war die ganze Gegend noch ländlich, mit Feldern und freiem Terrain.

Nicht weit von der früheren königlichen Residenz, dem Tuilerienschloß, und am Weg nach Versailles gelegen, dem vom „Sonnenkönig" erwählten späteren Wohnsitz, bauten sich zu Beginn des achtzehnten Jahrhunderts manche Adelige schon ihre herrschaftlichen Häuser, denn sie erwarteten schon längst den Tod des alten Herrschers. Sie hofften, daß sich sein Thronfolger, damals noch ein Kind, später ein stadtnäheres Domizil aussuchen würde, als Versailles es war.

Auch viele kirchliche Orden siedelten sich damals hier an, deren Mitglieder sich um die armen Bauern kümmerten, die sich nun zwischen prächtigen Palästen wiederfanden.

In einem der ältesten Krankenhäuser der Stadt, dem „Hôpital Laennec", kümmerten sich Ordensmitglieder um unheilbar Kranke. Das Gebäude existiert noch, allerdings ist es geschlossen. Die dort ansässigen Bürger bemühten sich zu unserer Zeit in Paris darum, wenigstens die zur Klinik gehörende Kirche zu erhalten. Denn natürlich sind in diesem schönen Viertel viele Investoren scharf auf den Grund und Boden.

Gegenüber der Klinik befindet sich die Kirche Saint-Vincent-de-Paul. Sie stammt aus der Zeit der Gegenreformation und ist dem Heiligen gewidmet, der sich vor allem in Nordafrika um die armen französischen Seelen kümmerte, die den im Mittelmeer zahlreichen Piraten zum Opfer gefallen waren und nun auf deren Schiffen Frondienste leisten mußten. Der Heilige Vincent-de-Paul ruht mumifiziert in einem Glassarg oberhalb des Altars.

Die kostbaren Kirchenfenster aus dem 19. Jahrhundert in einem merkwürdigen, mit Hilfe von Silber hergestellten sogenannten Gelbton - ich würde den Farbeindruck eher als bräunlich bezeichnen - stellen Szenen aus dem Leben des Heiligen dar. Daneben haben Bürger auf vielen kleinen Marmortäfelchen ihren Dank gegenüber Vincent und weiteren Heiligen zum Ausdruck gebracht.

Im nahen „Parc de Babylone" steht neben Christusdorn und Rotdorn sowie zwei Araukarien ein großes Denkmal für Madame Boucicaut, die sich einem Kind zuwendet. Selbst kinderlos, haben sie und ihr Mann Aristide, der Begründer des mittlerweile in mehreren Gebäuden existierenden Kaufhauses „Au Bon Marché" viel Gutes getan. Boucicaut war der Erste in Frankreich, der seinen Angestellten einen freien Tag in der Woche zugestand und eine „Pension" bezahlte.

Seine Frau starb später bei einem Feuer in einem der „Pavillons de Charité" in der Rue Montaigne, wo neben ihr Prinzessinnen und Aristokratinnen arbeiteten, um Geld für soziale Zwecke zu sammeln.

Ein besonders hübscher kleiner Park, eher eine gestaltete Miniaturlandschaft, befindet sich am Ende der Rue Récamier.

Madame Récamier ist vor allem bekannt durch das Sofa mit nur einer einzelnen Seitenlehne, auf dem sie zweimal gemalt und das nach ihr benannt wurde. Das erste Bild, heute im Louvre, durfte der Maler, Jacques Louis David, nicht vollenden, weil der Dame zu Ohren gekommen war, daß er sie zwar für schön, dabei aber für oberflächlich und kalt hielt. Das zweite Bild wurde von Davids Lieblingsschüler François Gérard gemalt und hängt im Pariser Musée Carnavalet.

Als Frau eines Bankiers war Madame Récamier reich genug, um sich die hauchdünnen Baumwollstoffe (mousselines de coton) aus Indien kommen zu lassen, aus denen auch noch für andere wohlsituierte Damen fast durchsichtige Kleider angefertigt wurden. Die Récamier haßte Napoleon und versammelte die Opposition gegen ihn in ihrem Haus an der heutigen Rue Récamier. Napoleon verbannte sie dafür und verbot seiner Frau Joséphine, ebensolche hauchdünnen Kleider zu tragen, was diese dennoch tat -, in Mailand.

Frau Récamier empfing bekannte Persönlichkeiten ihrer Zeit, unter anderen ihren Nachbarn, den Schriftsteller und Staatsmann François-René de Chateaubriand, dessen Name uns durch das eigens für ihn von seinem Koch kreierte drei Zentimeter dick geschnittene Beefsteak geläufig ist.

Chateaubriand wohnte in der nahen Rue du Bac (Nr. 120). Seine Büste befindet sich in einem kleinen Park seinem Wohnhaus und dem angrenzenden „Zwillingshaus" gegenüber. Auf den großen Holztüren dieser beiden identischen Häuser, die sich allerdings in sehr unterschiedlichem Erhaltungszustand befinden, sind die vier damals bekannten Kontinente dargestellt, Amerika mit einem federgeschmückten Mann und einem Alligator, Asien mit einem Löwen und Blumen, Afrika mit Elefanten sowie Europa mit einem Pferd und Symbolen der „Kultur", Malerpinseln, einer Büste und einer Lyra.

Wenige Schritte weiter befindet sich der etwas versteckte Eingang zu der sehr denkwürdigen Kirche der Mission

Etrangère (Fremdenmission). Sie ist äußerst schlicht ausgestattet; ihr einziger Blickfang ist ein großes Gemälde an der linken Seite, auf dem unter anderen Gounod (im braunen Mantel, mit Bart), Organist der Kirche und Komponist der Lieder „Für die Abreise der Missionare" und „Für den Geburtstag des Missionars" zu sehen ist. Das Kind auf dem Bild ist Pierre de Coubertin, der Begründer der neuzeitlichen Olympischen Spiele. Der Maler des Bildes war sein Vater.

Die meisten weiteren dargestellten Personen sind Missionare. Solche Diener Gottes wurden und werden noch immer von der Fremdenmissionskirche in alle Welt geschickt.

Viele von ihnen wurden im neunzehnten Jahrhundert in China und Korea, Japan und Vietnam umgebracht; es sind einhundertsechsundsiebzig, etliche von ihnen wurden heiliggesprochen. Ihre Namen befinden sich auf mehreren Listen in der Krypta des dort eingerichteten Museums.

Ihre Reliquien mit Fotos und Personendaten befinden sich in einer Vitrine. Wer Näheres über sie wissen will, öffne die Schubladen einer Kommode im Hauptraum! Darin befinden sich zum Beispiel Briefe und weitere Fotos dieser neuzeitlichen Märtyrer.

In der Mitte des Museumsraumes steht aufgerichtet ein leiterähnliches hölzernes Joch, das den gefangenen Missionaren in den fernöstlichen Ländern um den Hals gelegt wurde, um sie an der Flucht zu hindern.

Auf Gemälden entlang den Museumswänden sind sie dargestellt, mit ihrem Joch, bei der Folter, bei ihrer Enthauptung.

Ebenfalls fremdartig ist eine Pilgerstätte mitten auf einer geschäftigen Straße, in der „Rue du Bac" Nr. 140.

Es gab ein lebhaftes Kommen und Gehen durch einen Toreingang, der in die Kapelle „Unserer Lieben Frau von der Wundertätigen Medaille" führt. Hier soll Catherine Labouré, am

31. Dezember 1876 gestorben, fünfmal die Jungfrau Maria erschienen sein.

Diese Kirche, deren Ausstattung an Kitsch kaum zu überbieten ist, zog den ganzen Tag über so viele Besucher an, daß kaum ein Durchkommen war. Aber das Gebet vor Labourés Sarg verheißt, ohne Sünde zu werden wie Maria.

Eine Medaille, deren Prägung Catherine Labouré vor ihrem Einsatz für die alten Menschen des zwölften Arrondissements so dringend wünschte, wurde allein bis zu ihrem Tod über eine Milliarde Mal hergestellt und verkauft, denn sie verspricht Erlösung dem, der daran glaubt.

Protestanten

In Vorbereitung einer Reise für einen kleinen Kreis von Französinnen nach Berlin hatte ich einen Vortrag ausgearbeitet über den Einfluß, den die Hugenotten in Berlin und Brandenburg ausgeübt haben, vornehmlich im Hinblick auf die deutsche Sprache.

Eine - wohl eher volkstümliche - Version für die Erklärung des Namens „Hugenotten", auf französisch „huguenots", soll eine Verballhornung des Wortes Eidgenossen sein, denn diese waren Protestanten in der Nachfolge des Reformators Calvin, der aus Nordfrankreich in die Schweiz geflüchtet war und dort schweizerischer „Eidgenosse", „huguenot", geworden war.

Nach vielen Religionskriegen war den Hugenotten durch das Edikt von Nantes, das der heutzutage beliebteste König von Frankreich, Heinrich IV., zu ihren Gunsten im Jahre 1598 erlassen hatte, endlich wieder Gewissensfreiheit und freie Ausübung ihres Glaubens garantiert worden. Das änderte sich 1685 mit Aufhebung des Edikts durch Heinrichs Enkel, Ludwig XIV. Fünfzigtausend hugenottische Familien wurden ihres eigenen Landes verwiesen, erbarmungslos verfolgt und gezwungen, Frankreich innerhalb von zwei Wochen zu verlassen. Tausende wurden umgebracht.

Friedrich Wilhelm, der „Große Kurfürst", forderte die Glaubensflüchtlinge, die sich auch anderen Ländern wie Holland und Dänemark zuwandten, ebenso nachdrücklich wie werbewirksam auf, nach Deutschland zu kommen und erlaubte ihnen, sich in Preußen anzusiedeln.

Sein Asylangebot war human, aber durchaus nicht uneigennützig. Der Herrscher sorgte im eigenen Interesse für Neusiedler und den Wiederaufbau seines noch immer vom Dreißigjährigen Krieg gezeichneten menschenarmen Landes. Außerdem stärkte er damit das calvinistisch-protestantische preußische Königshaus gegenüber seinen lutherisch-protestantischen Untertanen.

Tausende französischer Protestanten nahmen das Angebot des Fürsten dankbar an.

Fünftausend, die zu den gebildeten und gut ausgebildeten Schichten in Frankreich gehört hatten, gingen damals nach Berlin.

Zunächst einmal brachten sie ihre Sprache mit. Französisch zu sprechen galt sehr bald als vornehm, es war ein Zeichen der Bildung. Am preußischen Hof wurde französisch gesprochen.

Die französischen Protestanten brachten jedoch nicht nur ihre Sprache mit, sondern auch Neues, Unbekanntes, für das es im Deutschen noch kein Wort gab und was deshalb der Einfachheit halber mit dem französischen Wort benannt wurde.

Über vierzig neue, zumeist handwerkliche Berufe führten sie in Deutschland ein; insbesondere in der Herstellung feiner Textilien waren sie in Berlin schnell führend.

Wolle, Samt und Seide waren ihre Domäne, sie legten Maulbeerplantagen zur Seidenraupenzucht an, stellten Seidenstrümpfe und -handschuhe her, Wandteppiche und gewebte Tapeten.

Durch die Hugenotten kamen viele neue Erzeugnisse und die damit verbundenen beruflichen Spezialisierungen in die Stadt. Dazu zählen die Gold- und Silberdrahtzieherei, die Edelmetallstickerei, Emaillierarbeiten, Ziselierungen, Galanteriewaren- und Taschenuhrproduktion. Besonders am preußischen Hof wurde das von ihnen angefertigte modische Zubehör geschätzt, wie Knöpfe, Hüte, Handschuhe.

Hugenotten brachten den sogenannten Strumpfwirkerstuhl aus Frankreich mit, der die Produktivität bei der Herstellung von Strümpfen, aber auch Röcken, Hosen, Kopfbedeckungen und Hausschuhen, um das Zehn- bis Fünfzehnfache erhöhte.

Auch das in Frankreich schon verbreitete Manufakturwesen, in dem die Herstellung eines Endproduktes arbeitsteilig organisiert war, erhöhte die Produktivität nicht nur in der Textilbranche, sondern zum Beispiel auch bei der Seifengewinnung.

Hugenotten verschönerten das Stadtbild Berlins, was sich in vielen noch heute zum Teil gebräuchlichen oder zumindest verstandenen französischen Wörtern niederschlägt: „Chaussee" und „Trottoir", „Garage" und „Balkon", „Terrasse", „Korridor" und „Jalousie", sowie im Theater „Foyer", „Loge", „Podium" und „Dekoration".

Die Prachtallee „Unter den Linden" wurde nach dem Vorbild der Champs Elysées in Paris angelegt, und die darauf „flanierenden" Menschen kleideten sich nach französischer „Mode" mit „Bluse", „Kostüm" und „Volant"; eine schmale „Taille" war wichtig; aber das „Négligé" war dem Haus vorbehalten.

Die Haare wurden gekräuselt, französisch „frisé", und daraus entstand die „Frisur" und der „Frisör". Die Herren erhielten „Jackett", „Manschetten" und „Perücke". Mit all diesem Zubehör war man dann „tout chic", „totschick".

Kenntnisse und Fertigkeiten, insbesondere auf den Gebieten der Architektur und des Straßenbaus, der Kriegsführung und der Mode, aber auch der Kochkunst, wurden samt dem dazugehörigen französischen Vokabular von den Preußen gerne übernommen.

Der bis dahin offenbar kärgliche preußische Küchenzettel wurde durch die Franzosen deutlich bereichert, zum Beispiel durch das „Filet" und das "Kotelette", die „Bouillon" und das „Omelette", die „Pastete", das „Ragout fin" mit „Püree" und „Soße", und das „Frikassee".

Als „Dessert" gab es „Baiser" oder „Biskuit", „Pralinen", „Sorbet" oder „Kompott".

Auch manche Gemüsearten und -namen stammen aus Frankreich, Karotten und Champignons zum Beispiel, aber auch Blumen- und Rosenkohl, Spinat und Spargel. Man bediente sich jetzt einer „Serviette".

Wenn man arm war, konnte man sich keinen richtigen Kaffee leisten, sondern man trank Muckefuck, was aus dem französischen „mocca faux" kommt und „falscher Mokka" bedeutet. Er wurde aus Zichorie gebrannt, „Chicorée".

Die „Kinkerlitzchen", die man im Haushalt hat, stammen von der „quincaillerie", der (kleinsortierten) Eisenwarenhandlung.

In der Stadt sorgten die „Gendarmen", die „gens d´armes", die Waffenleute, heute Polizisten, für Ordnung. Beim „Militär" des Königs findet man ebenfalls französische oder aus dem Lateinischen oder Arabischen stammende und über das Französische zu uns gekommene Wörter, wie „General", „Offizier", „Marschall" oder „Soldat".

Franzosen nahmen bald hohe Stellungen am preußischen Königshof und beim preußischen Militär ein.

Das Leben der Protestanten in Frankreich war vor der großen Flucht wie auch nachher meist schwierig gewesen, vielfach drohte ihnen Lebensgefahr.

Ihr Stadtviertel in Paris war die Gegend um die ehemalige Klosteranlage Saint-Germain-des-Prés, von der heute nur noch die große gleichnamige Kirche existiert. Indessen kann man dort unter kundiger Führung noch einige interessante Überreste des Klosters finden.

Wo heute nördlich der Kirche Straßen sind, wandert man eigentlich mitten im früheren Pariser Klostergelände. Der kleine harmonische Platz, der nach dem Kardinal Furstemberg (Fürstenberg) benannt ist, entspricht in Lage und Form genau dem Hof der ehemaligen Stallungen des Klosters.

Auf der Straße „de l'Abbaye" (Nr. 16) neben einem Geschäft von Christian Dior findet man ein Haus, dessen Seitenwand hinter der Eingangstür noch immer die Wand des früheren Speisesaals des Klosters ist. Man sieht noch die gotische Fensterform und die Rosette - wenn man das Glück hat, die Tür des Hauses geöffnet zu finden.

In der kleinen „Rue Visconti", gegenüber einigen Skulpturengalerien, befindet sich das Haus (Nr. 4), in dem im Jahr 1555 die ersten Protestanten getauft wurden und wo 1559 die erste evangelische Synode stattfand, heimlich natürlich. Der Vorteil dieses Hauses war es, daß es einen Hinterausgang hatte, den man als Fluchtweg benutzen konnte, wenn es wieder einmal eine Polizeirazzia gab.

Protestanten lebten deshalb in ständiger Gefahr, weil sie weder Papst noch König als für sie geltende Autoritäten anerkannten, und das gefiel diesen wenig.

Selbst in relativ ruhigen Zeiten, unter Heinrich IV., hatten sie es schwer. Er garantierte ihnen zwar im Edikt von Nantes Gewissensfreiheit und freie Ausübung ihrer Gottesdienste, aber offiziell existierten Protestanten garnicht. Denn das gesamte Leben von der Geburt und Taufe bis zu Tod und Beerdigung war von der katholischen Kirche organisiert und beherrscht. Wie in Deutschland vor Bismarck gab es auch in Frankreich bis

1792 keine Ziviltrauung, sondern nur die katholisch-kirchliche Heirat.

Die Protestanten lösten diese Schwierigkeit, indem sie in der schwedischen Botschaft heirateten, deren Gebäude noch in der „Rue Jacob" zu sehen, aber nicht mehr als ehemalige Botschaft zu erkennen ist.

Außer zwei evangelischen Kirchen gab es zwei protestantische Friedhöfe, einer davon war in den Jahren 1604 bis 1685 in der „Rue des Saints-Pères". Ein Schild in einer winzigen Grünanlage weist noch darauf hin, daß hier unter anderen die Gebrüder Gobelin - die mit der bekannten Färberei und Weberei - begraben liegen. Auch sie waren Protestanten.

Gleich nebenan befindet sich heute ein schöner Schokoladenladen, der übrigens seit 1816 als Schokoladenfabrik seine Erzeugnisse als medizinisch wirksame Heilmittel anpries, gegen Verstopfung und ähnliche Probleme.

Die unscheinbare Straße Visconti, die das Haus mit dem ersten evangelischen Versammlungsraum aufweist, ist, nebenbei bemerkt, auch noch in anderer Hinsicht geschichtsträchtig: der Bühnendichter Jean Racine starb hier im April 1695, und Honoré de Balzac, der die berühmte Comédie Humaine verfaßte, hatte hier von 1826 bis 1828 eine Druckerei, die ihn allerdings in Schulden stürzte. Benannt ist die Straße nach dem Architekten Louis Visconti, der das Grabmal Napoleons im Invalidendom geschaffen hat.

Heutzutage gibt es in Frankreich etwa achthunderttausend evangelische Christen, davon in Paris circa zehntausend. Sie gelten als streng und genau.

Sie beherrschen die Pariser Finanzwelt, heiraten nach Möglichkeit untereinander und bleiben offenbar unter sich. Deshalb wissen die meisten Franzosen wenig über Protestanten.

„Gilt die Ehe als unauflösbar? Können Protestanten sich scheiden lassen? Wie stehen sie zu Empfängnisverhütung und Abtreibung? Unterscheidet sich die Erziehung von Jungen und

Mädchen?" Diese und ähnliche Fragen stellte eine Organisation, die sich um Rechte von Frauen ethnischer oder sonstiger Minderheiten kümmert. Es war mir schon aufgefallen, daß nach französischem Sprachgebrauch Katholiken in eine Kirche (église) gehen, Protestanten jedoch in einen Tempel (temple); die einen feiern „office" oder „messe", die anderen aber einen „service" oder „culte".

Auch der bekannte und begehrte Junggeselle und Bankier Edouard André war Protestant. Als er (1881)seine Porträtistin Nélie Jacquemart heiratete, die aus einfachem Hause stammte und Katholikin war, bestanden seine Eltern darauf, daß er sein Testament so abfaßte, daß seine Frau ihn nicht beerben würde.

Kurz vor seinem Tod änderte er jedoch sein Testament zugunsten seiner Frau. Dadurch konnte sie die bereits gemeinsam gesammelten berühmten Kunstwerke weiter ergänzen. Heute sind sie alle in zwei großen Museen zu sehen: im Museum der Villa Jacquemart-André auf dem Boulevard Haussmann und im ehemaligen Klosterkomplex in Chaalis, vierzig Kilometer nördlich von Paris.

Die Opéra Garnier

Nachdem bereits der Sonnenkönig an der Stelle der heutigen „Opéra Garnier" das erste Opernhaus hatte bauen lassen, wurde auch das neue Operngebäude - nach mehrmaligen Bränden der Vorgängerbauten - in der Zeit Napoleons III. trotz immenser Schwierigkeiten am selben Platz neu errichtet.

Nach den Ausschreibungen wurden fünf Entwürfe der bekanntesten Architekten ausgewählt. Da aber keiner dem Kaiser so recht zusagte, wollte er die Ideen, die diesen fünfen zugrundelagen, zu einem neuen Entwurf zusammengeführt wissen. Dazu jedoch waren die Architekten nicht bereit, und so bekam den Auftrag der sechste, damals noch junge und völlig unbekannte Architekt Charles Garnier, nach dem das heutige Opernhaus benannt ist.

Nach fünfzehn Jahren, mit Unterbrechungen durch Kriege und den Aufstand der Pariser Kommune, war das Haus fertiggestellt.

Technisch interessant ist es, daß das gesamte Opernhaus auf einem Wasserbassin steht. Der Einbruch von Seinewasser während des Baues ließ, nachdem Abpumpen acht Monate lang keine Wirkung gezeigt hatte, die Idee entstehen, das Wasser in einem riesigen zugedeckten Becken aufzufangen und das Opernhaus auf den Beckendeckel zu stellen: Wenn das Bassin bei sehr hohem Seinewasserstand vollgelaufen ist, kann kein weiteres Wasser eindringen.

Nur etwa ein Drittel des Opernhauses macht die Bühne und den hufeisenförmigen Zuschauerraum mit fünfzehnhundert Plätzen aus; der größere Teil wurde für das Gesehenwerden errichtet.

Denn zumindest die Herren gingen in die Oper nicht nur der Musik und der Aufführungen wegen, sondern vor allem auch, um ihre Lieblingsschauspielerin zu treffen, die oft genug die eigene Maitresse war.

Man hielt sich lange im Foyer auf, ließ sich dort mit Maitresse bewundern, aß fünfgängige Menüs, ging dann in seine Loge, die man für eine ganze Saison gemietet hatte, um von dort dem Spiel und Tanz seiner Geliebten zuzusehen. Welche Ehefrauen waren schon genauso hübsch, genauso verrucht und zeigten soviel Bein? Deshalb gehörten auch immer lange Ballettszenen in jede Oper.

Die Aufführungen Richard Wagners wurden anfangs boykottiert, weil es in ihnen keine Ballettszenen gibt.

Eine Maitresse zu haben, gehörte zum guten Ton. Es gibt von Honoré Daumier eine vielsagende Karikatur, die in drei Szenen zeigt, was damals wichtig zu besitzen war. In der ersten sagt der Mann zu seiner Ehefrau: „Wir wollen uns ein neues

Appartement kaufen." In der zweiten findet er, sie müßten sich wieder für die Saison eine Opernloge mieten. In der dritten Szene befindet er sich mit seiner Ehefrau im Foyer der Oper und zeigt ihr die Maitresse des Baron von Rothschild. Stolzer Kommentar der Ehefrau: „**Unsere** Maitresse sieht aber viel besser aus!"

Der Haupteingang zur Oper wurde damals nur vom „Volk" benutzt. Die reichen Herrschaften fuhren von der Seite mit der Kutsche vor.

Der erste Raum, den sie betraten, die „Rotonde des Abonnés", ist voller Symbolik.

Unter der Decke befinden sich im Kreis Frauenköpfe, die die zwölf Sternbilder des Tierkreises darstellen; dazwischen, in den vier Himmelsrichtungen, männliche Köpfe, im Osten mit den Sonnenstrahlen, die hinter einem Gebirge, den Vogesen oder den Alpen, aufleuchten, im Süden mit der voll strahlenden Sonne, im Westen mit dem Hafen von La Rochelle mit seinen zwei Türmen und den Strahlen der untergehenden Sonne sowie im Norden mit einem Kompaß.

Zwischen diesen Köpfen, in der Mitte des flachen Gewölbes, hat sich Charles Garnier selbst mit Namen verewigt, in verschnörkelten Lettern. Er war der erste moderne Architekt, der seinen Namen an seinem Bauwerk festhielt.

Von hier aus ins Foyer hochzusteigen, eröffnet vielfältige Durchblicke auf Brunnen und Figuren, auf Muster und Pflanzen, auf interessante Perspektiven der Treppen und Treppengeländer. Wer von außen den Opernbau zu gedrungen findet, muß wissen, daß Garnier nur neunundsechzig Stufen anlegen durfte; nicht eine einzige mehr als in den Vorgängerbauten war ihm erlaubt. Wie zu allen Zeiten lehnten die Bürger das neue Gebäude zunächst ab, so wie sie den Eiffelturm und den umgebauten Bahnhof zum Musée d´Orsay abgelehnt hatten.

Viele Bürger fanden, daß das neue Opernhaus von außen aussehe wie ein Bahnhof und von innen wie ein türkisches Bad. Die Üppigkeit der Darstellungen und der Materialien entsprachen jedoch sehr dem Wunsch der postaristokratischen Gesellschaft nach größtmöglichem Luxus, in dem sie sich sonnen und spiegeln konnte.

Die Treppen wirken nicht nur wegen ihres edlen Materials elegant, sondern auch, weil die Stufen alle einen leicht konkav-konvexen Schwung haben. Es wurden zweihundert edle Steinsorten verarbeitet, vor allem Marmor und Onyx, die sich in den breiten Geländern der Buchten oberhalb der Haupttreppe, von wo aus man einen guten Überblick hat, angenehm glatt und kühl anfühlen.

Ein Opernabend sollte alle fünf Sinne ansprechen, natürlich das Gehör durch die Musik, das Auge durch Skulpturen, Bilder und elegant gekleidete Operngäste sowie die Aufführungen selbst, die Nase durch die Parfums der Damen, den Geschmackssinn durch das reichhaltige Diner, das man im Hause einnehmen konnte, und den Tastsinn durch den kühlen, glatten Stein.

Letzteren vielleicht auch durch das Berühren der Schauspielermaitressen? Denn die Herren gingen in ihren dunklen Anzügen und steifen hohen Hüten ungeniert mit auf die Bühne, wenn ihre Maitresse dort gerade tanzte. Solche Szenen kann man auf Bildern des Malers Edgar Degas sehen.

Von seinem Logenplatz aus konnte man sich ein Essen bestellen, das in der „Rotonde du Glacier" vorbereitet wurde. Dort hängen an den Wänden Teppiche aus der Gobelinmanufaktur. Sie stellen Mädchen dar, die exotische Getränke wie Kaffee und Tee und feine Speisen wie Fisch, Wild oder Gebäck präsentieren.

In der Botschaftergalerie zeigen zwölf Gemälde von Clairin Schauspielerinnen, darunter die bekannteste, Sarah Bernhardt.

Die Rotunde des Kaisers, ein westlich der Hauptfassade gelegener Pavillon, wurde von ihm nie betreten, denn schon vier Jahre vor Fertigstellung der Oper im Jahr 1875 mußte er wegen des deutsch - französischen Krieges aus Paris fliehen. In diesem Teil des Gebäudes befindet sich heute ein Museum, in dem neben wechselnden Modellen von Bühnenbildern als Wichtigstes die alte Deckenbemalung von Jules-Eugène Lenepveu gezeigt wird. Dieses ursprüngliche Bild ist heute verdeckt von dem berühmten Deckengemälde von Marc Chagall.

Im Zentrum der Macht

Am dritten Wochenende im September in Paris zu sein, ist für die Pariser genauso wie für hier lebende Ausländer oder für Touristen eine hervorragende Möglichkeit, solche Einrichtungen von kultureller oder historischer Bedeutung zu besichtigen, die üblicherweise ihre Pforten geschlossen halten.

Der Zeitpunkt bezeichnet nämlich die alljährlich wiederkehrenden „journées du patrimoine", die bei uns etwa dem „Tag des Denkmals" entsprechen. Sie wurden nur im Jahr 2001 kurzfristig aus verständlichen Gründen abgesagt, nachdem in New York und Washington am elften September die welterschütternden, furchtbaren Attentate verübt worden waren, bei denen über dreitausend Menschen ums Leben kamen.

In jedem Jahr stehen die Leute schlange, um zum Beispiel in das Palais Bourbon, das Gebäude der Assemblée Nationale, des Parlaments, oder in das Senatsgebäude, das Palais du Luxembourg, in viele Stadtpaläste oder Botschaften zu gelangen, oder um alte Fabriken oder ehemalige Gefängnisse zu besichtigen.

Nichts scheint unzugänglich an diesen beiden Tagen, weder in Paris selbst noch in der Umgebung. Da es allerdings fast überall lange Wartezeiten gibt, muß jeder aus der langen Liste der Möglichkeiten sorgfältig auswählen, was ihn am meisten interessiert.

Ich nutzte eine solche Gelegenheit, das Haus der Anwaltschaft zu besichtigen, das zwar als Gebäude nicht so sehr spektakulär ist, wo jedoch Prozeßakten, Gemälde und Statuen zu sehen sind, die sich auf berühmte und international aufsehenerregende juristische Fälle beziehen.
Der Archivar des Hauses berichtete äußerst spannend von den Prozessen, die Ende des neunzehnten Jahrhunderts gegen den Juden Dreyfus geführt wurden, von seinen beiden Verteidigern, die nie Gelegenheit hatten, miteinander zu sprechen und damit ihre Strategie zu koordinieren, sodaß sie dem Angeklagten eher schadeten als nützten, und davon, wie allgemein die Meinung vorherrschte, daß es wohl angemessener sei, einen „kleinen Juden" zu opfern, als die französische Armee zu blamieren.
So entging Dreyfus, obwohl unschuldig, nicht den vielen Jahren Haft in der mörderischen Strafkolonie auf den Teufelsinseln in Französisch Guayana.
Erst der Schriftsteller Emile Zola konnte ihm dadurch helfen, daß er einen offenen Brief schrieb, „J´ accuse..." (Ich klage an...), der das internationale Augenmerk auf den Fall lenkte, dabei jedoch Zola selbst in höchste Gefahr brachte und ein Jahr ins englische Exil.

Ein als sehr sehenswert bezeichneter Palast war mein nächstes Ziel, das „Hôtel de Lauzun" auf der Insel Saint Louis im Herzen von Paris. Es gehört der Stadt und ist nur selten zu besichtigen, eben an den „journées du patrimoine" oder in kleinen Gruppen mit langer Voranmeldung.
Es ist von außen ganz unscheinbar, lediglich seine beliebte Lage am Seineufer läßt ahnen, daß sich hier nur sehr betuchte

Leute ein Domizil bauen lassen konnten. Von innen hält es manche Kostbarkeit bereit und manche Besonderheit.

Das Erdgeschoß liegt eigentlich schon im ersten Stock, ein sogenanntes Hochparterre, denn man wollte Überschwemmungen, Schmutz und Ratten entgehen, die es in Flußnähe reichlich gab.

Da die Bauvorschriften, vom König vorgegeben, hinsichtlich der Stockwerkseinteilung jedoch äußerst streng waren, mußte die Treppe unbedingt als massives Bauwerk angelegt werden, bei dem der schräge Raum unter der Treppe ausgefüllt ist, so daß die Zugehörigkeit des Hochparterres zum Bodenniveau deutlich wird.

Das eigentliche Wohngeschoß, die Bel Etage, mit herrlich und herrschaftlich ausgeschmückten Räumen und großen Balkonen liegt somit im „Hôtel de Lauzun" nach heutigen Maßstäben zwar eigentlich im zweiten Stock, stellte aber die damaligen königlichen Ansprüche zufrieden, die die Untertanen „unten" sehen wollten.

Bei einer weiteren Besichtigung hatte ich großes Glück. Ich mußte nur wenig mehr als zwei Stunden warten, um in den Elysée-Palast zu kommen, den Amts- und Wohnsitz des französischen Staatspräsidenten.

Das Schloß war als Stadtwohnung eines der Grafen von Evreux gebaut worden und wurde von den Zeitgenossen sehr bewundert.

Nach dem Tod des Grafen, 1753, wurde es von Madame de Pompadour gekauft. Als es in den Besitz ihres Geliebten, König Ludwigs XV., gelangte, richtete der es für den Aufenthalt von Botschaftern ein.

Es ging danach durch viele reiche, adelige und sogar kaiserliche Hände - sowohl Napoleon Bonaparte als auch Louis Napoleon (III.) nutzten das Schlößchen. Es bekam den Namen

Elysée (Elysium, Glückliches Gefilde) wegen der dort stattfindenden Feste und Bälle.

Schon seit 1874 ist es die offizielle Residenz der französischen Staatspräsidenten und damit Zentrum der Macht für ganz Frankreich.

Jeder Raum ist reichgeschmückt mit Wandgemälden und Wandteppichen, die Bezug nehmen auf die Geschichte des Hauses, mit kostbaren Kronleuchtern, Teppichen und Mobiliar aus der Zeit Ludwigs XV. und Ludwigs XVI., mit schweren Vorhängen und marmornen Kaminen, mit alten Uhren und Spieluhren, mit Marmorbüsten historischer Persönlichkeiten oder gelungenen modernen Skulpturen.

Auf jedem Tisch standen geschmackvoll arrangierte, farblich passende Blumengestecke. In einem der Salons gibt es ein sehr schönes Gemälde von Schloß Benrath in Düsseldorf; es war Residenz des von Napoleon in Amt und Würden - und wohl auch zu Geld - gebrachten Großherzogs von Berg, Joachim Murat, der damals Eigentümer des Elysée-Palastes war.

In dem Salon, der nach Murat benannt wurde, befindet sich unter einem wandgroßen Spiegel „das erste Möbelstück, das in der Porzellanmanufaktur von Sèvres hergestellt wurde"; es ist eine Konsole mit kleinen eingelegten Bildtafeln aus Porzellan. Die gesamte Größe des Raumes wird eingenommen von einem riesigen ovalen Tisch mit Dutzenden von Stühlen, denn seit der Präsidentschaft von Georges Pompidou ist dies der Saal des Ministerrates.

In einem weiteren Saal, in dem auch die Zimmerdecke überreich ist an Schnitzereien aus Putten, Füllhörnern, Widdern, Muscheln, Girlanden und den Insignien RF für République Française, stand ein langer Tisch, der wie für ein Staatsessen gedeckt war mit silbernen Tafelaufsätzen, großenteils gefertigt anläßlich der Weltausstellung von 1889 in der Werkstatt von Christoffle.

Dort wird heute noch Tischschmuck aus Silber, Porzellan und Glas für eine schön gedeckte Tafel herstellt. Für meinen Geschmack war alles ein bißchen überladen, zu üppig, sehr französisch eben.

Die Menschenmenge schob sich in Reihen, geordnet, sehr ehrfürchtig durch all diese Pracht, bevor sie sich im großen, hellen Wintergarten mit seinem gläsernen Tonnengewölbe etwas auflockerte und man im anschließenden Festsaal auch den Ausblick in den gepflegten Garten genießen konnte.

Bei der königlich-kaiserlichen Vergangenheit des Hauses und seiner royalistischen Pracht verwundert es nicht, daß französische Präsidenten sich hier wie kleine, nein, große Könige fühlen.

Im „Tal der Gnade" und der Astronomie

Kirche und Kloster Val de Grâce, was übersetzt soviel wie Gnadental bedeutet, sind das Werk der französischen Königin Anna von Österreich, Ehefrau Ludwigs XIII.

Sie hatte wegen ihrer langjährigen Kinderlosigkeit Gott den Bau einer großartigen Kirche in Paris versprochen, falls er ihr noch Nachkommen schenken sollte. Das war ohne den Beistand eines Ehemannes eine schwierige Sache, denn Anna und ihr königlicher Gemahl waren einander nicht sonderlich zugetan, am deutlichsten zu erkennen an der Tatsache, daß Ludwig unter dem Einfluß seines Ersten Ministers, des Kardinals Richelieu, seine Frau stets der Intrigen mit ihrer spanischen Heimat gegen Frankreich verdächtigte. Das führte so weit, daß er ihre Räume einer Hausdurchsuchung und sogar sie selbst einer demütigenden Leibesvisitation unterziehen ließ.

Daß Anna nach einundzwanzigjähriger Ehe endlich doch noch schwanger wurde, mag wohl außer an Gottes Gnade auch am „Heiligen Regen" gelegen haben.

Anna befand sich gerade mit ihren Hofdamen im Jagdschlößchen von Versailles, dem Ursprungsbau des bekannten barocken Prachtschlosses, als ein heftiger Platzregen ihren königlichen Gemahl, der sich gerade in derselben Gegend zur Jagd aufhielt, in eben diesen Räumen mit seinen Gefährten Zuflucht suchen ließ.

Da nun aber leider kein weiterer Platz in der „kleinen Herberge" war, mußten sich König und Königin ein Gemach teilen, wohl oder übel.

Und so gab es nach neun Monaten den kleinen Ludwig Nummer Vierzehn, den späteren „Sonnenkönig". Da er so lange auf sich hatte warten lassen, bekam er als weiteren Namen Dieudonné, der Gottgegebene. Das war für einen königlichen Nachkommen eigentlich ein ungewöhnlicher, wenn nicht gar unpassender Name, denn er wurde damals in der Regel Findelkindern gegeben.

Im zarten Alter von sieben Jahren durfte Ludwig Dieudonné - da war er bereits König - den Grundstein zum barocken Kirchenbau Val de Grâce legen, mit dem seine Mutter ihr Versprechen einlöste.

Auf dem großen Deckengemälde unter der Kirchenkuppel sieht man Königinmutter Anna, gekleidet in ein Gewand, das mit dem Wappen Frankreichs, der Lilie, geschmückt ist, die neue Kirche der himmlischen Dreieinigkeit überreichen.

Besonders schön ist der Baldachin über dem Altar, mit gedrehten Säulen aus Bronze, auf dem eine Königskrone, darauf die Weltkugel und ganz oben das Kreuz stehen.

Auch im Boden unter der Kuppel findet man königliche Wappenlilien, dort umgeben sie die Buchstaben A und L, für Anna und Ludwig.

In der Seitenkapelle links, wo sich heute die Orgel befindet, wurden früher die königlichen Herzen aufgehoben, die den verstorbenen Herrschern entnommen worden waren. Während der Revolution wurden sie bekanntlich verkauft, von Malern zerrieben und mit Öl gemischt zu Malfarbe gemacht.

Im Tonnengewölbe des Kirchenschiffs ließ Anna von Österreich Paare darstellen, die - wie sie selbst - zu einer Zeit ein Kind bekamen, da es ihnen wie ein Wunder erscheinen mußte, wie Maria und Joseph oder noch in sehr hohem Alter Sarah und Abraham.

Auch die kleineren Bilder sind voller Symbolik; Pfirsiche zum Beispiel stellen die sichtbare Liebe zu Gott dar, denn ihre kleinen, herzförmigen Blätter präsentieren sichtbar die Pfirsichfrucht, wohingegen Blätter von Feigenbäumen deutlich größer sind als ihre Früchte und diese verdecken; sie sind deshalb Symbole für die versteckte, verdeckte Liebe zu Gott.

Das zur Kirche Val de Grâce gehörende große Benediktinerinnenkloster beherbergt interessante Räume und einen schönen Innenhof.

Der größte Teil der Anlage ist zwar nicht zugänglich, da er als Militärhospital dient, aber ein als Museum eingerichteter Teil zeigt die Entwicklung der ärztlichen Kunst sowie eine alte Apothekenausstattung und schöne Fayencen. Unter diesen fallen ovale Deckelgefäße mit einem einzelnen Griff auf, die mit chinesischem Dekor verziert sind, mit Kirschblütenzweigen und Vögeln. Ein solcher Topf heißt „Bourdaloue", benannt nach einem damals sehr bekannten Priester.

Dieser predigte an Festtagen fünf bis sechs Stunden ohne Pause.

Da wohlerzogene fromme Frauen die Predigt nicht zwischendrin verlassen durften, hatten sie unter ihren weiten Röcken ein solches Gefäß stehen; denn wer hält es schon so lange aus ohne „Nachttopf"?

Aber welch ein häßliches Wort für so ein schönes Gefäß! Und so nannte man es eben nach dem Priester „Bourdaloue".

Ebenso interessant sind zwei kleine, unbekleidete Porzellanfiguren, an denen Kranke dem Arzt zeigen konnten, wo sie Schmerzen hatten; man deutete damals schließlich nicht auf seine eigenen Körperteile.

Das Viertel westlich der Kirche ist ebenfalls sehenswert. Es war im 19. Jahrhundert eine Hochburg der Künstler mit vielen Malerateliers.

Besonders aber zieht das Observatorium aus der Zeit des „Sonnenkönigs" mit seiner später hinzugefügten Kuppel die Blicke an.

Es ist nur aus Stein und Holz errichtet, völlig ohne Metall, damit es keine magnetischen Interferenzen gibt. Es ist heute die „horloge parlante", die Sprechende Uhr; von hier wird in Frankreich die Zeitansage per Funksignal ausgestrahlt.

Das rechteckige Gebäude steht mitten auf dem alten Meridian von Paris und wird von diesem in zwei gedachte, gleiche Teile geteilt, seine Fassaden weisen genau in die vier Himmelsrichtungen.

Bevor Greenwich in England 1884 der von allen Ländern anerkannte geographische Bezugspunkt für den hier verlaufenden Nullmeridian wurde, galt der Pariser Meridian als Meßlinie für die Einteilung der Weltkugel in Längengrade.

Er begann im spanischen Barcelona und verlief in Paris vom Observatorium entlang der Avenue de l'Observatoire, durch den Jardin du Luxembourg, dann durch den von Kardinal Richelieu bewohnten Palast, später Palais Royal benannt, bis zum Montmartre.

Dort findet man eine Straße mit dem Namen Rue de la Mire (Meridianstraße).

Von dort ging die gedachte Linie weiter bis nach Dünkirchen in Nordfrankreich.

Im Sommer 2000, am 14. Juli, wurde auf diesem alten Meridian ein einziges großes „déjeuner sur l'herbe", ein

Picknick abgehalten. Bei dieser Gelegenheit wurden auf der ganzen Strecke, von Barcelona bis Dünkirchen, Bäume gepflanzt, weshalb dieses Ereignis in Frankreich la Méridienne verte (etwa „das grüne Meridianfest") genannt wurde.

Die Avenue de l´Observatoire zwischen dem Jardin du Luxembourg und dem Observatorium in exakter Nord-Süd-Richtung ist bereits seit langem eine schöne Kastanienallee.

Eine Reihe von Skulpturen und Säulen zwischen den alten Bäumen endet bei einer großen Brunnenskulptur, wo über wilden Rossen anmutige Mädchen die Erdkugel halten, die von einem mit den Tierkreiszeichen geschmückten Band umschlungen ist.

Auf der Allee findet man immer wieder in den Boden eingelassene kleine, runde Bronzeplaketten mit dem Namen Arago und Pfeilen nach Nord und Süd, ebenso an einem der Eingänge in den Jardin du Luxembourg und auch auf dem Montmartre.

Statt mit einem Denkmal wird auf diese Weise der Astronom und Physiker Dominique François Arago geehrt, der unter anderem durch Gradmessungen allerlei physikalische Entdeckungen gemacht hat und übrigens mit Alexander von Humboldt befreundet war.

Meßeinheiten für Zeiten, Orte und Längen müssen verwirrend gewesen sein, bevor sie Ludwig XVI., der letzte französische König vor Beginn der Großen Revolution, von ungefähr siebenhundert auf wenige reduzierte, womit er sich sicher auf diesem Gebiet große Verdienste erwarb.

Paris spielte für Maße und Gewichte eine entscheidende Rolle. Das heute aufgrund besserer Meßverfahren überholte sogenannte Urmeter aus Platin-Iridium zum Beispiel wird im Pariser Vorort Sèvres im „Bureau International des Poids et Mesures" (Internationales Büro der Gewichte und Maße) aufbewahrt.

Der „Bienenstock" – La Ruche

Im Süden von Paris, nicht weit vom Bahnhof Montparnasse entfernt, kann man auf eine kleine Sackgasse stoßen (Avenue du Maine Nr. 21), die sich insofern sofort als ungewöhnlich in diesem stets lebhaften Viertel zeigt, als über ihrem Eingang ein schmiedeeiserner Bogen mit der Inschrift „Chemin du Montparnasse" neugierig macht.

Eindeutig stammen die niedrigen Häuschen, eher unscheinbare Baracken, aus früheren Zeiten und passen absolut nicht in ihre Umgebung, das geschäftige Bahnhofsviertel mit dem Hochhaus Tour Maine-Montparnasse und den Supermärkten und Kaufhäusern.

In den Baracken gibt es manchmal Ausstellungen, die die Geschichte bekannter Maler heraufbeschwören. Gelegentlich wird auch ein Film über die Künstler aus „La Ruche" gezeigt. „La Ruche" ist aus verschiedenen Gründen etwas Besonderes, wie ein kleiner historischer Rückblick zeigt.

Ludwig XIV. hatte die Salonkunst eingeführt. Maler, die mit einem oder gar mehreren Werken zum Salon, d. h. zu den regelmäßig dort stattfindenden Ausstellungen zugelassen wurden, hatten damit - wie man heute sagen würde - den Durchbruch geschafft. Die anläßlich dieser Gelegenheit erfolgreichsten Künstler wurden nach Rom zur Malschule in die Villa Medici geschickt, womit sich ihr größter Traum erfüllte.

Viele aber kamen nicht einmal bis zum Salon, denn die Vorgaben waren sehr streng: sie konservierten den Malstil, wie er schon seit Jahrhunderten anerkannt war.

Dies war nicht im Sinne vieler kreativer junger Künstler. Zur Zeit und mit dem Einverständnis Napoleons III. waren sie 1874 zum ersten Mal selbstbewußt genug, ihre eigene Ausstellung zu organisieren, den sogenannten „Salon des Refusés" (Salon der Abgewiesenen). Die Räume für über dreitausend Bilder von sechshundertvier Malern stellte der bekannte und gefragte Fotograf Nadar zur Verfügung.

Dieser Salon existiert heute noch, unter dem Namen „Salon des Indépendants" (Salon der Unabhängigen).

Damals gab es darum einen Skandal. Nach einem Bild von Claude Monet, das er „Impression, Soleil Levant" (Stimmung, Aufgehende Sonne) genannt hatte, bekamen alle diese Maler den Schimpfnamen Impressionisten. Nur wenigen Leuten gefiel damals die helle Farbenvielfalt, die Wiedergabe einer momentanen Stimmung, eines Augenblicksgefühls, die die Form auflösende Malweise.

Einer, der hierfür jedoch Sinn hatte, war der Bildhauer Alfred Boucher. Er selbst war im Salon anerkannt und bekam deshalb viele Aufträge aus der Welt der Reichen und Mondänen. Das ermöglichte es ihm, mit seinem Geld junge mittellose Künstler zu unterstützen, was er großzügig tat.

Nicht nur, daß er ein Förderer seines Bildhauerkollegen Auguste Rodin und seiner eigenen, später Rodins Schülerin und Gefährtin Camille Claudel wurde. Er bezahlte auch die Hausmädchen, die an Wochenenden auf der Place Pigalle darauf warteten, sich als Modell für seine Malerkollegen ein Zubrot verdienen zu können.

In Erinnerung bleibt er aber vor allem durch seine großzügigste Aktion, die vielen Malern für Jahre den Lebensunterhalt sicherte.

In Paris hatte es bei der Weltausstellung des Jahres 1900 einen von Gustave Eiffel entworfenen, quasi runden Pavillon gegeben. Aufgrund seiner Form nannte man ihn „La Ruche" (Der Bienenstock). Nach Beendigung der Ausstellung wurde er von Alfred Boucher gekauft, abgebaut und neben dem Schlachthofgelände im Pariser Stadtteil Vaugirard, das an Montparnasse angrenzt, wiederaufgebaut.

Dort stand er dann vielen damals noch unbekannten Malern als Wohnung und Atelier zur Verfügung.

Viele von ihnen waren ohne Papiere aus dem Ausland gekommen, insbesondere aus Polen und Rußland, z. B. Marc Chagall, Jacques Lipchitz, Ossip Zadkine und Chaïm Soutine. Letzterer hatte, als er am Pariser Nordbahnhof ankam, nichts anderes in der Tasche als einen Zettel mit einer Adresse: „La Ruche".

Die Wohnverhältnisse dort waren einfach. Es gab anfangs einhundertvierzig Ateliers und Wohnungen; heute sind es nur noch sechzig. Da die Künstler in enger Gemeinschaft lebten und fleißig waren wie Bienen, nannte Boucher sie „mes abeilles" (meine Bienen).

Es ging wohl nicht immer so friedlich zu wie in einem Bienenstock. Bei nur zwei Wasserhähnen und zwei „WCs à la turque", Stehklos, war es sicher manchmal so eng, daß es zu Reibereien kam.

Chaïm Soutine zum Beispiel muß nicht nur mit seinen Bildmotiven etliche seiner Kollegen geärgert haben. Er malte häufig die Schlachthofabfälle seiner Umgebung sowie verwesende Fische. Hierzu holte er diese stinkenden Modelle in sein Atelier. Ganz allgemein soll er kein gerade rücksichtsvoller Mensch gewesen sein, sondern seinen Kollegen sogar das Essen vom Teller gestohlen haben.

Fernand Leger malte vielfach die Umgebung des Schlachthofes, will heißen, seine Bilder zeigen Industrieanlagen; ungewöhnliche Motive für jene Zeit.

Nicht zufällig sind auch Katzen, die auf dem Gelände zuhauf herumstreunten, Motive für die Maler.

Eng verbunden mit „La Ruche" sind die bekannten Lokale im Stadtteil Montparnasse, „Le Dôme" und „La Rotonde" sowie - etwas später eröffnet – „La Coupole". Dort gingen die Maler des „Bienenstocks" ein und aus. Sie konnten manches Mal ihr Essen nur mit einem Wandbild statt mit Geld bezahlen. In La Coupole sind diese Bilder noch heute an den vielen Säulen, die es im Restaurant gibt, zu sehen.

Wenn man Glück hat, kann man in den verwunschenen Garten des „Bienenstocks" gelangen, indem man mit einem Bewohner durch das schneideeiserne Tor schlüpft. Wir hatten dieses Glück, ja sogar noch ein weiteres: der Künstler zeigte uns seine Wohnung, in der er mit Frau und Kind lebte. Es war eine Puppenstube; aber der Mann war froh, hier ein lebenslanges Wohnrecht zu haben.

Weniger Bekanntes vom Montmartre

Der christliche Märtyrer und uns als Saint Denis schon bekannte Heilige Dionysius von Paris steht als steinerne Skulptur, das abgeschlagene Haupt in beiden Händen, in einem kleinen Park auf dem „Marterberg" hinter einem Brunnen, mit dessen Wasser er seinem Henker die Blutflecken abwusch.

Unweit des Parks mit der Dionysiusstatue auf dem Montmartre sieht man an einem der ältesten Wege, von der Straße „du Mont Cenis" aus, zwischen Hausfassaden hindurch nach Norden, in der Ferne das alle Häuser und das riesige neue Stadion „Stade de France" überragende grüne Dach der Kathedrale von Saint Denis.

Auf der rechten Seite dieses Aussichtsplatzes befand sich früher das Wohnhaus des durch seine Oper Carmen weltberühmt gewordenen Komponisten George Bizet, der dort Künstler wie Franz Liszt, Frédéric Chopin, Alexandre Dumas und George Sand empfing.

Auf der gegenüberliegenden Straßenseite weist die Fassade eines Hauses Flachreliefs einer großen Spinne sowie einer Fledermaus über den Darstellungen der Basilika „Sacré Coeur" und des Wasserturms auf, die die höchste Stelle des Montmartre einnehmen.

„Sacré-Coeur" und die „Place du Tertre" sind die Orte, wo sich an Schönwettertagen große Menschenmengen von

Touristen über den Montmartre schieben, wo sie in den zahlreichen Souvenirläden einkaufen, sich von Malern portraitieren lassen, die teuren Cafés bevölkern und den Straßenmusikanten zuhören.

Vor der Basilika auf der breiten Treppe lassen sie sich fotografieren und genießen den Blick von hier oben Richtung Südwesten über die Stadt. Vielleicht kommen sie noch zu dem rosafarbenen Eckhaus, das der Maler Maurice Utrillo neben vielen anderen Montmartre-Motiven gemalt und wo einst Picasso gewohnt hat.

Auf den nahegelegenen kleinen Friedhof Saint Vincent, der nicht nur wegen Utrillos Grab mit einer Skulptur des Malers, sondern auch wegen weiterer interessant gestalteter Gräber sehenswert ist, verirrt sich aber kaum noch ein Tourist.

Der Name des Friedhofs Saint Vincent erinnert daran, daß sich auf dem Montmartre früher ausgedehnte Weinfelder befanden - ebenso wie in den Stadtteilen Passy und Belleville -, denn der Heilige Vinzent war der Schutzpatron der Winzer.

Noch heute gibt es einen Weinberg auf dem Montmartre, der jedes Jahr am ersten Sonnabend im Oktober Ziel vieler Neugieriger ist; dieser Samstag ist der Tag der Weinlese, der folkloristisch gefeiert wird.

Kenner jedoch gehen in das Rathaus des Viertels, denn dort werden die Trauben gepreßt und der Wein vom Vorjahr verkauft zugunsten des Festkomitees, das den Erlös der etwa siebenhundert Liter Wein für einen sozialen Zweck einsetzt.

Und obwohl der Rebensaft von vielen boshaft als Essigwein bezeichnet wird, ist er eine begehrte Besonderheit, die weniger getrunken als im persönlichen Raritätenkabinett aufbewahrt wird.

Ein weiteres Fest auf dem Montmartre, ein kirchliches, übt ebenfalls eine große Anziehung auf Touristen aus; es ist die Karfreitagsprozession.

Der im Volk bekannte, inzwischen verstorbene Kardinal Lustiger, der viele Jahre lang die wichtigste Messe zu Weihnachten in der Kathedrale Notre Dame feierte, trug streckenweise selbst das schwere Holzkreuz auf dem Kreuzweg mit den vierzehn Stationen den steilen Berg hinauf, wobei ihm Tausende von Gläubigen singend folgten, umringt von mindestens ebenso vielen Touristen mit ihren Kameras.

Der Montmartre ist ein ganz besonderer Bezirk, seine Bewohner fühlen sich auch als etwas Besonderes, als unabhängig von Paris. Sie werden manchmal als Bobos bezeichnet, bourgeois bohémiens; sie sind Artisten, Intellektuelle, Reiche, äußerlich und geistig Unabhängige, oder sie halten sich wenigstens dafür.

Das hat Tradition, denn unter den Kommunarden, den Aufständischen der Revolution der Pariser Kommune 1870/71, waren viele Montmartre-Bewohner.

Besonders ausgeprägt war ihre antiklerikale Einstellung, und dazu hatten sie wohl auch allen Grund. Einer der Ihren, der Chevalier de la Barre, ein Freidenker und Freund Voltaires, wurde, da er während einer kirchlichen Prozession den Hut nicht hatte ziehen wollen, gefangengenommen, gefoltert und umgebracht.

Später fühlte sich die Kirche wegen solcher Verbrechen derart schuldbeladen, daß sie Geld sammelte, um große neue Gotteshäuser zu bauen. Eines davon ist die Basilika Sacré Coeur, die sie den Bewohnern des Montmartre „schenkte".

Diese haben die Kirche nie gewollt, und so nannten sie aus Protest die unmittelbar auf die Kirche zuführende Straße nach dem Chevalier de la Barre. Ihre ureigene Kirche ist „Saint Pierre de Montmartre", eine der ältesten Kirchen von Paris, die auf den Fundamenten eines alten Merkur- und Marstempels errichtet wurde. Von ihm ist innen, rechts und links des Haupteingangs, noch je eine graue Säule zu sehen. Manche leiten den Namen Montmartre auch von diesem Marstempel ab.

Während des Kommuneaufstandes wurden viele Männer, Bewohner des Montmartre, standrechtlich erschossen, wenn sie es nicht schafften, sich auf dem damals noch unbebauten, von wilder Macchia überzogenen Niemandsland zu verstecken.

Ein winziges Stück Land, das noch verwildert ist wie die damalige Macchia, findet man an der Avenue Junot an einem schmalen Weg zwischen den Hausnummern 15 und 13. In diesen beiden Häusern wohnten der Erfinder des Dadaismus, Tristan Tzara - eine Plakette an der Hausfassade weist darauf hin -, und ein Wohltäter der vielen vaterlosen Kinder, der Zeichner Francisque Poulbot.

Letzterer hatte immer Süßigkeiten in der Tasche für die Waisen, die er oft zeichnete. Eine Organisation, die sich noch heute um arme Kinder aus dem Montmartreviertel kümmert, nennt sich „Les Petits Poulbots" (die kleinen Poulbots).

Die Avenue Junot, eine gefragte Wohngegend mit Häusern aus der Zeit Haussmanns und der 1930er Jahre, weist ungefähr vor dem Haus Poulbots noch etwas Interessantes auf, das wir schon vom alten Pariser Meridian hinter dem Jardin du Luxembourg kennen: eine kleine runde Bronzeplakette auf dem Bürgersteig mit dem Namen des Physikers Arago und der Angabe der Himmelsrichtungen Nord/Süd. Denn der Meridian führt mitten über den Montmartre; der Name der kleinen Rue de la Mire, einer Seitenstraße der Rue Lepic, läßt dies noch erkennen, denn „la ligne de mire" ist die „Visierlinie", le „point de mire" der „Zielpunkt", die Straße führt genau nach Norden.

Auf dem Flachdach eines großen Wohnhauses, wiederum an der Avenue Junot, steht ein kleiner Hausaufbau mit einer sehr großen Dachterrasse. Dort hat man im zweiten Weltkrieg die Affen aus dem Zoo Saint Vincent untergebracht und dazu abgerichtet, den Montmartre-Bewohnern bei ihrem Widerstand gegen die Deutschen zu helfen.

Ein kurzer Abstecher in die Sackstraße Villa Léandre lohnt sich für alle an Architektur Interessierten. Zwischen den vielseitig gestalteten schmalen Häusern aus der Zeit zwischen den Weltkriegen fühlt man sich wie im Elsaß oder der Normandie. Das Sträßchen ist benannt nach dem nicht sonderlich bekannten Lithographen Léandre.

Nicht weit von hier befindet sich eine der letzten von ehemals etwa dreißig Mühlen des Viertels, die „Moulin de la Galette".

Der Montmartre war reich an Kalk. Dieser wurde seit der Antike hier abgebaut für den Bau der Häuser des alten Lutetia und des späteren Paris. Eine sprichwörtliche Redensart sagt darum, „daß es mehr Montmartre in Paris gibt als Paris auf dem Montmartre".

In den vielen Mühlen wurde der Kalk zu Gips gemahlen und anschließend den Berg hinuntertransportiert.

Der langjährige Abbau hat noch heute sichtbare Spuren hinterlassen. Große unterirdische Hohlräume bewirken, daß einige Häuser sich gesetzt haben. Daher weist zum Beispiel auf der Rue d´Orchampt das Haus Nr. 5 deutliche Risse auf.

Die „Rue Blanche" (Weiße Straße) und die „Place Blanche" (Weißer Platz) haben ihren Namen daher, daß hier Gipskarren nach Paris hinunterfuhren und bei jedem Windhauch die Straße, den Platz und die Häuser weiß überpuderten.

An der Rue Blanche steht, nebenbei bemerkt, auch die Deutsche Evangelische Christuskirche, die eine sehr aktive und engagierte Gemeinde hat.

Auf der „Rue de l´Abreuvoir", der Straße der Tränke, ist noch zu erkennen, wo die Esel und Maultiere, die die schweren Karren ziehen mußten, ihren Durst stillen konnten.

Daß die verbleibenden Mühlen später als Kneipen eingerichtet wurden, kam nicht von ungefähr: Da das Montmartre-Viertel nicht zur Stadt Paris gehörte, mußten hier die Getränke nicht versteuert werden. Die Künstler des Montmartre und jeder andere natürlich konnte hier billig seinen Absinth und andere Alkoholika kippen.

Es gab außer Poulbot noch einen Wohltäter, der allerdings auch die Stadt Paris in sein Wirken mit einschloß: es war der britische Diplomat Sir Richard Wallace. Er ließ im 19. Jahrhundert überall in der Stadt Brunnen anlegen. Jeder Pariser und jeder Tourist kennt sie: Unter einem kleinen Kuppeldach zwischen vier anmutigen Mädchenfiguren sprudelt immer ein dünner Trinkwasserstrahl, an dem Touristen heute häufig ihre Wasserflaschen auffüllen.

Einer dieser dunkelgrünen Brunnen steht unmittelbar neben den beiden riesigen Wasserreservoiren des Montmartre auf der „Rue Azaïs". Diese Wasserreservoire sind für die Sicherheit der Stadt wichtig, denn Gebäude, in denen sich häufig große Menschenmengen aufhalten, wie zum Beispiel die Kaufhäuser Lafayette und Printemps, die Opernhäuser und mehrere Theater sind unmittelbar mit diesen Wassertanks verbunden; ein beruhigendes Gefühl!

Die beiden Reservoire, von denen nur die hohe Mauer von der Straße aus zu sehen ist, liefern das Wasser für die Straßenreinigung und als Trinkwasser getrennt. An ihrer linken Seite findet man noch das kleine Wohnhaus des Verantwortlichen mit der Inschrift „Garde-Bassin" (Beckenaufseher).

Viele Berühmtheiten haben den Ruf des Montmartre geprägt, vor allem Maler.

Sie malten und sie lebten hier. Bekannt als eine ihrer Wohnstätten, an der heutigen Place „Emile Goudeau", ist das „Bateau Lavoir", das seinen Namen Waschbeckenboot oder Waschhaus wahrscheinlich erstens deshalb hat, weil sein Inneres an ein Schiff erinnert, und zweitens eher ironisch, weil es für alle Bewohner nur einen einzigen Wasserhahn gab.

Picasso lebte, als er noch unbekannt und mittellos war, im Bateau Lavoir. Er begründete hier mit seinem Bild „Les Demoiselles d'Avignon" den Kubismus. Außerdem wohnten Renoir, Braque, van Dongen, Modigliani, Vlaminck, Dufy und

Suzanne Valadon, die Mutter Utrillos, die Malermodell und selbst Malerin war, in diesem Haus. Leider ist es normalerweise nicht zugänglich. Seine Bewohner wollen offenbar auch von den vielen Touristen dieser Gegend nicht gestört werden.

In den letzten Jahren suchen viele Besucher des Montmartre die Orte auf, an denen 2001 der Film „Die fabelhafte Welt der Amélie" gedreht wurde.

Der Gemüseladen „Au Marché de la Butte" sieht aber nicht mehr aus wie im Film; er hat sich mächtig vergrößert und verschönert und verfügt über ein reicheres Angebot, denn die Touristen überfluten ihn förmlich.

Ein Spaziergang von Amélies Fans führt sie auch zur „Place des Abbesses" mit dem schönen Metroeingang im Jugendstil von Hector Guimard. Was sie aber unmittelbar daneben in der kleinen Grünanlage oft übersehen, ist die große blaue Fliesenwand, „le mur des «je t´aime»" (etwa: die Mauer der Liebeserklärungen), auf der drei Künstler unserer Zeit die weltweit allgemeingültigen Worte „Ich liebe Dich" in, wie es heißt, allen Schriftsprachen der Welt festgehalten haben. Und diese Worte kann man nicht nur einem Menschen ins Ohr flüstern, sondern nach zehnjährigem Aufenthalt auch der Stadt Paris sagen: „Je t´aime - Ich liebe Dich."

Bilder des Buchumschlags:

Vorderseite: Die Brücke Alexandre III
Rückseite: Kuppel des Invalidendoms
    Grüne Fassade des Museums am Quai Branly
    Ladenschild der Konditorei Stohrer in der Rue Montorgueil
    Im Grand Palais
    Käsetheke
    Historische Teekanne von Mariage Frères